非常疫情

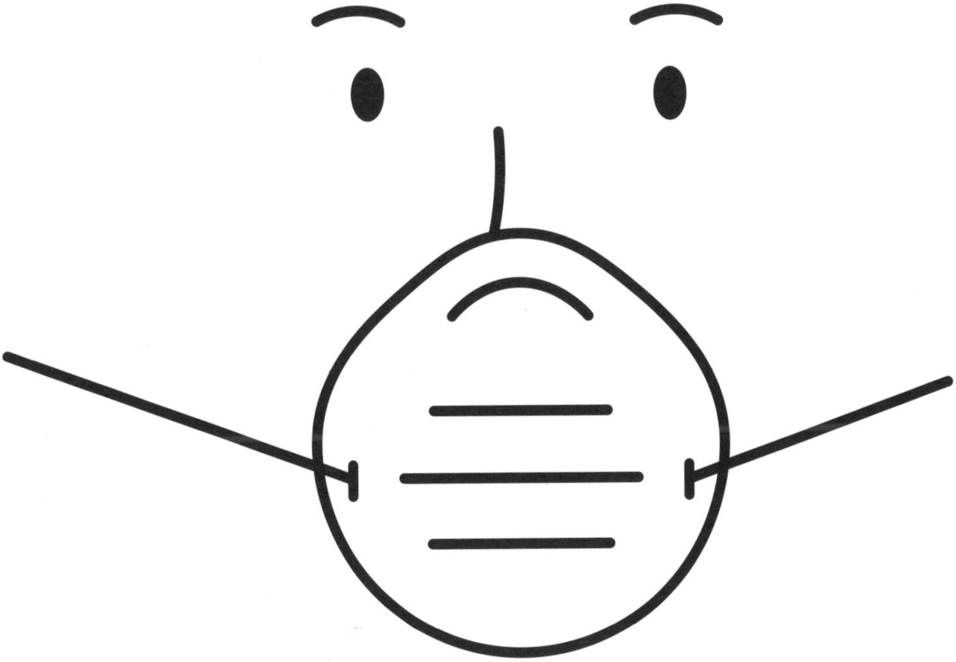

非常關懷

非
常
疫
情

總幹事序

關關難過・我們一起過

二零二零年伊始，全球各地即迎來新型冠狀病毒(COVID-19)的鉅大挑戰。香港人在短短半年間，經歷了前所未有的考驗：隔離檢疫、學校停課、留家工作，各項經濟活動停擺、防疫物資短缺，甚至面對健康和生命的威脅等。繼香港去年持續的社會動盪和不安，這些難關，實在超越每一位香港人的想像。

面對比二零零三年「非典型肺炎」(SARS)一疫更嚴峻的衝擊，香港人反應靈敏迅速，共同努力攜手抗疫。香港青年協會自二月起推出「非常疫情・非常關懷」，從學習、情緒、健康和社交四方面，積極為青年提供多項支援及網上服務，並鼓勵青年保持自學及關懷社區，發揮互助精神。

本書走訪了不同界別人士，包括醫生、學者、校長、港隊代表和少數族裔社工等；他們默默付出，每個故事都真摯感人，盡顯本港各行各業人士以專業知識和積極態度，在不同崗位守望互助。

我們謹以此書，向「疫」境中無私奉獻的每一位致以崇高敬意。在這段非常時期，讓我們抱持希望、實踐關愛、自助助人，治癒疲憊的身心。

關關難過，相信這一關我們仍能一起跨過。

何永昌
香港青年協會總幹事
二零二零年七月

目錄

目錄

1 / 第一章

隔離病房士氣非常好，
所有醫護、清潔姐姐都
有熱誠、互相守望，看
不見一絲恐懼。

——

醫生　蔣珮琼

離家三周打疫戰
堅守崗位不退下

蔣珮琼

雅麗氏何妙齡那打素醫院
兒童及青少年科副顧問醫生／
隔離病房團隊(isolation team)醫護／
單親媽媽

二零零九年加入雅麗氏何妙齡那打素醫院。二零二零年三月中，兒童及青少年科接收首位新冠肺炎患者，蔣醫生為部門首位加入隔離團隊的醫護人員，離家三星期帶領團隊打疫戰。

大年初二，本是喜慶日子，雅麗氏何妙齡那打素醫院兒童及青少年科副顧問醫生蔣珮琼卻心情沉重——這天病房抽了「生死籤」，她抽中一號。這位將會是首位進入隔離病房工作的醫護人員，也是一位單親媽媽。怕兒子和母親擔心，把消息藏在心裡兩星期，終在飯桌前輕輕道出，以為淡然可以減輕憂慮，卻被兒子睿泰以為她輕視自己的安全，雙方冷戰一星期。後來睿泰漸漸理解母親的責任，默默為她祈禱，反過來提醒她小心。放下家庭顧慮回到病房，蔣醫生穿起白袍，一如穿上盔甲的戰士，帶著百分百的專注打疫戰。她深明，「疫」境下醫護必須留守崗位，即使對家人的牽掛在心頭，也未想過退縮。

蔣醫生的隔離病房工作始於三月二十一日，終於四月三日。離家三星期，回家一刻，剛好是晚飯時間。外傭忘了把蔣醫生的碗筷置於兒子睿泰旁邊，睿泰看著飯桌不作聲，外婆讀出他臉上的不悅，對蔣醫生說：「他想你坐他旁邊呀。」蔣醫生心裡一甜，把碗筷移好，便坐下來享受久違的晚飯時光，「歸位啦。」她在心裡呢喃。

抽中生死籤 無藉口不負責任

同樣的情境，三星期前卻有著截然不同的氣氛。當時，蔣醫生在餐桌前拋下一句：「我的病房也抽了籤，我要入隔離病房工作。」她的淡然惹怒了睿泰，約一分鐘後，他放下碗筷走入房間。蔣醫生知道睿泰不快，卻不知他在房內止不住憂慮與氣憤的眼淚，「我沒有即時入房安慰，我知道他要空間處理，但同時，我都未準備好面對他的情緒，如果他叫我不要入team，那怎麼辦呢？」事後睿泰為當時的反應解話：「媽媽要上前線，但反應過於冷淡，我很擔心，覺得她輕視了件事。」

向家人宣布入team消息前，其實蔣醫生已在心裡糾結兩星期，「我見那晚食飯氣氛幾好，才用一種輕鬆語調講。」蔣醫生所屬病房於農曆年初二抽「生死籤」，決定進入隔離病房工作的次序。蔣醫生的籤上寫著「一」，代表當部門接收到確診者，她將是首位到隔離病房工作的醫護人員。「當下有少少反應不過來，會想：為何是我呢？」抽籤時是一月，本地初現數宗輸入確診個案，病毒的殺傷力和傳播力仍是未知，「我做這行，傾向想得差，知道要入team第一時間就想，我有機會感染家人。」蔣醫生是單親媽媽，與兒子、母親和外傭同住，「仔仔又很依賴我，一度想過為何選中有這樣背景的我。」不明疫症當前，可以輕易數算出各種憂慮，但令蔣醫生冒風險入team的原因就只有一個：「在崗位上，沒有藉口不負起這個責任。」

離別一刻未能抱擁
疫情當前放下顧慮

三月二十日，部門接收首位確診者，蔣醫生翌日正式開展隔離病房工作，「因為太急，前一天收到通知，第二日就要入team，連酒店也未訂。」完成首日工作下班，蔣醫生匆匆回家，迅速把日常用品和衣物放進行李箱，拖著行李走出客廳。睿泰直直地站在客廳中央，看著媽媽匆忙而去，欲言又止。蔣醫生心知這一別與平日不太一樣，卻只說了一句：「我走啦。」睿泰本想上前抱她一下、與她好好道別，卻因當日蔣醫生已進入隔離病房，而被外婆阻止：「唔好啦。」睿泰當下有點愕然，「覺得好不習慣，明明平時都可以有互動。」蔣醫生關上家門一刻，心有戚戚然，「會想：『哎呀，這一切都是為了甚麼呢？』」對蔣醫生而言，家庭是生命支柱，「如果沒有家，講工作、講生活都很空泛，它在支撐我的生命。」但疫情當前，蔣醫生明白必須放下部分家庭顧慮，「但它永遠是我的核心。」她隨即補上這樣的一句。

疫情之初，病毒未正名，有人稱它「新沙士」；倒帶到二零零三年沙士時期，蔣醫生亦曾以實習身分站在前線，當年她只是「小薯」，負責執行醫生指令。事隔十七年，再遇世紀疫症，蔣醫生帶領著團隊在前線打拼，「比起沙士時期，現在需要思考的東西多了、闊了，心態上也會更小心。」「蔣醫生，病床不夠，該如何合併？」、「蔣醫生，該給這位病人甚麼藥物？」作為部門首隊「isolation team」，病房運作未上軌道，大小決策都交到蔣醫生手上，「感覺每天工作，所有人都望著你，同時又要向上級匯報情況。」除了處理病房運作事宜、治理病人，蔣醫生還要跟進疫情最新發展，作出應對，「政策上很多轉變，很擔心自己不夠快、跟不上。」那段日子，蔣醫生的手機不分日夜響個不停，全是與疫情和工作有關的訊息通知。

百分百專注 隔離病房上下一心

「只要在病房就一定要放低其他事務專注工作，我不想令病房士氣打折扣。」在蔣醫生眼中，醫生袍有如盔甲，每次穿起，她都會打起精神來，帶著百分百的專注走入戰場，「真的好像打仗，對著病毒要處理好感染風險，又要治理好患者，有攻有防。」三星期裡，蔣醫生一共照顧了九位患者，年齡最小的僅得二十二個月，最年長十七歲。幸好這九位年輕患者情況一直穩定，治療過程未出現重大挑戰，唯一需要蔣醫生多花心思的，是照顧病人的情緒。「始終都是小朋友，一個人在病房裡，家人又不能探病，我們就要幫手做多一步。」蔣醫生鼓勵病人視像對話，又會多花時間與他們聊天，「不只是巡房這麼簡單，不只做例行公事，而是多點關心。」除了蔣醫生，病房內的護士和病人助理同樣細心照料病人需要，「病房內士氣非常好，護士、清潔姐姐都好有熱誠，互相守望，看不見一絲恐懼。」

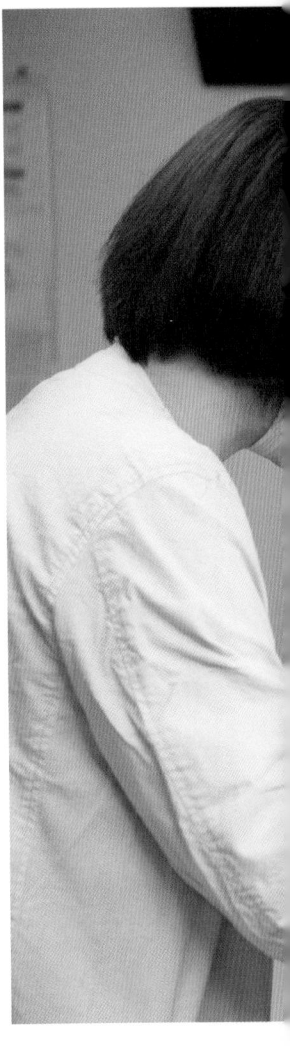

疫情下防護物資緊張，醫護人員也要節省保護衣和口罩，卻因而增加了醫護間的協調與合作。每當有人穿上全副防護裝進入隔離病房看病人，總會問問其他同事：「有沒有東西要拿進去？」、「有沒有工作要幫忙完成？」有一次，蔣醫生穿上保護衣準備進入隔離病房，有同事發現她的保護衣未穿好，立即上前為她整理，「以前從未試過這樣；因為要省著物資，所以一有人入去就會幫忙做多少少，同事再在門口接應。」艱難時刻下，互助可以令工作變得輕易，彼此成為對方的精神支柱。這片不一樣的風景，成為了三星期背負隔離病房工作期間，令蔣醫生最深刻的事。至於最令她開心的事，莫過於看見病人康復出院，「作為醫生，當然最想看見病人返屋企，最好快點出院，這樣就足夠。」

病人家屬打氣鼓勵

荒漠中惦記兒子

在隔離病房工作，一方面存在感染風險，同時要承受巨大工作壓力。有些在部門內由蔣醫生治理、患有其他病症的病人家屬，知道蔣醫生要入team工作後，隨即表示不捨，又為她打氣、送上鼓勵。有的家屬曾經寄口罩到醫院，有的則寫信表揚蔣醫生。有時候在醫院電梯碰面，病人家屬也會對她說「加油」、「要小心」，令蔣醫生感到窩心，「好溫暖，感覺他們理解醫護承擔的，所以從不同方面，給予很多支持和鼓勵，充滿正能量。」

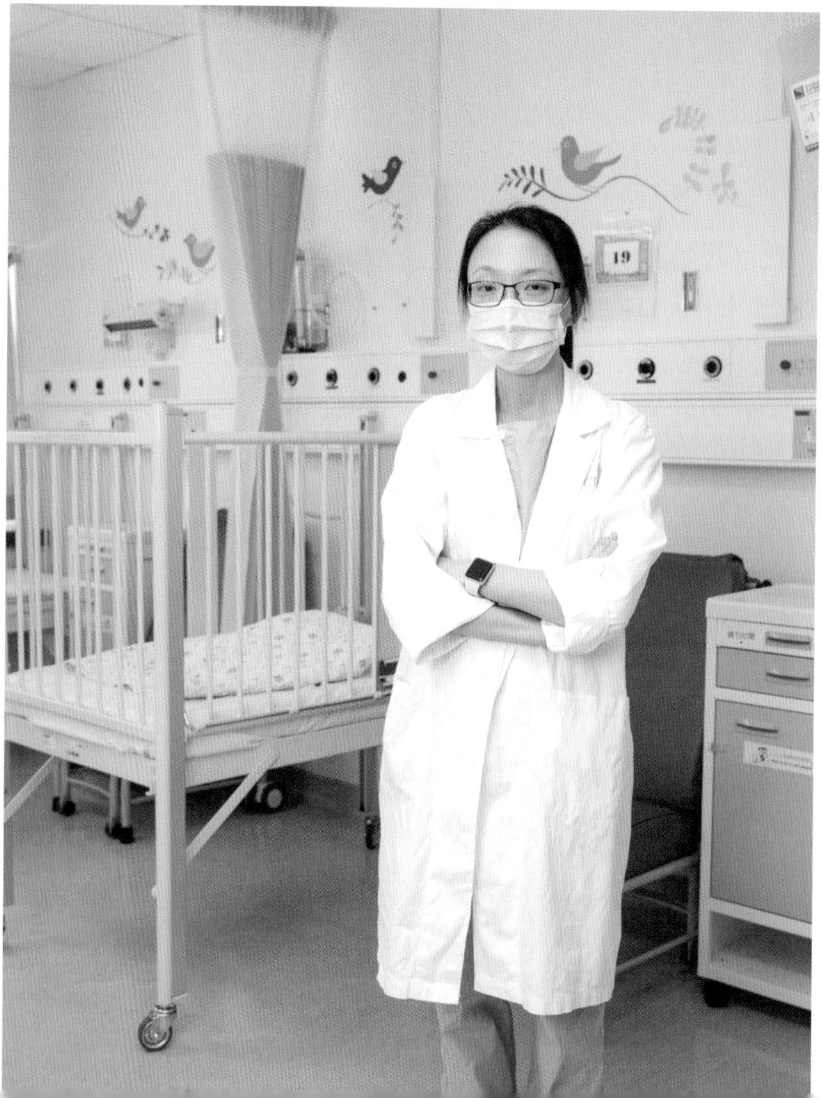

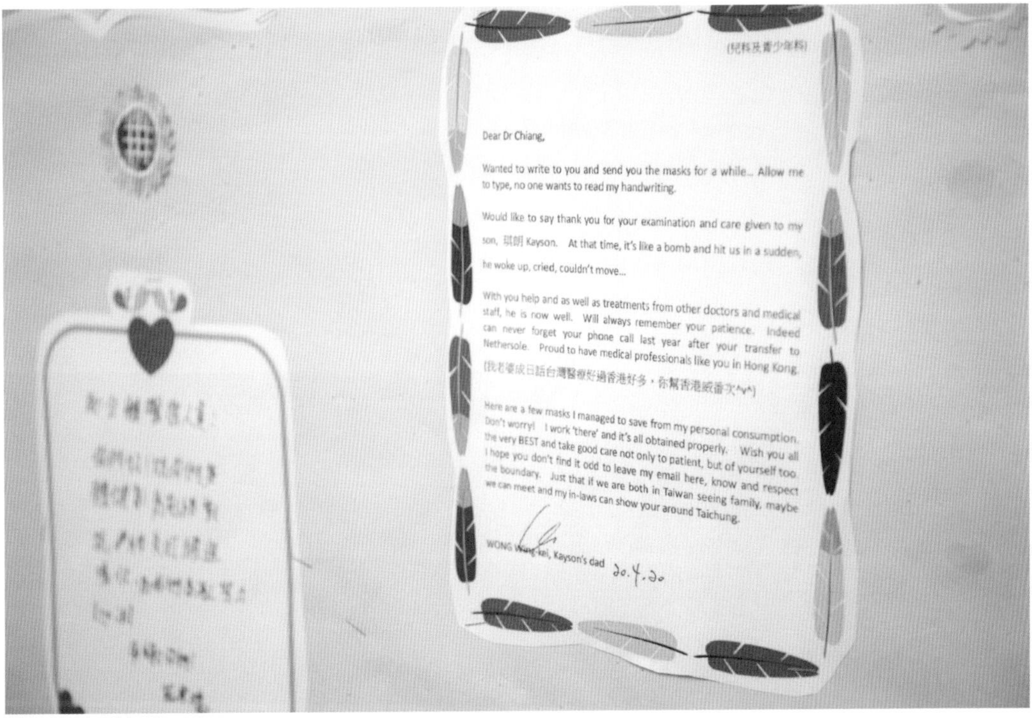

一日忙碌近九小時，蔣醫生終於可以卸下「盔甲」，稍為放鬆。她跳上私家車，由醫院開往酒店，「那段日子我只在這幾個空間穿梭。」回到酒店房間，蔣醫生的精神狀態徹底變了一個樣，「會不斷想家裡的事，例如這個時間他們應該剛吃過飯、睿泰是不是正與外婆頂頸……」她獨自吃過晚飯，晚上九時許致電回家，問問睿泰上學情況、默書成績，掛線後再為第二天的工作做準備。由原來熱鬧的家搬到酒店，蔣醫生在一人之境中感到孤獨，「連與他人的話題也離不開疫情，感覺有如置身荒漠之中。」以往在家，睿泰會走到蔣醫生身邊，裝作若無其事地碰她一下；即使有時候蔣醫生與睿泰各自在房間忙碌，她也能感覺到大家連結在一起，當睿泰需要她的時候，她可以即時出現在睿泰身邊。如今只以電話連繫，蔣醫生始終感覺若有所失。

校長和老師開會

兒子自立漸釋懷
互相支持成密友

滿滿牽掛，蔣醫生的心一直懸著，難以著地，直至聽到睿泰一句：「你自己小心點。」這位戰士媽媽才鬆了一口氣，終於感到安心，「這代表他能做好自己，所以才能關顧別人。」睿泰知道媽媽背負的責任不輕，在她離家的三星期裡，他盡力溫書、做好自己，令媽媽放心。回想最初因擔心媽媽加入「isolation team」而流淚，到後來慢慢接受、反過來提點媽媽，釋懷的過程中，睿泰試過與同學分享心情；每次媽媽在電話中保證自己有做好防護措施，也為睿泰打了強心針，漸漸接受了媽媽的工作。「我很少在她面前講自己感受，但我會以她為榜樣，想學習她的責任感和使命感。」看起來內向、沉靜的睿泰，一臉冷靜地緩緩說道，旁邊的蔣醫生側頭聽著、看著睿泰，口罩無法掩蓋笑容。「其實是因為有傳媒訪問，我才知道他曾經哭過。」蔣醫生笑著說，「但看見他會向我交代他的生活情況，一步一步走出來，我覺得他是很好的『partner』，我們互相支持著。」

平日在病房中擔任領導角色、工作起來便投入全副心力的蔣醫生，一回到睿泰身邊，總是帶著笑容，以平輩口吻與睿泰說話；睿泰則一貫他的冷靜。外人看起來，是一對一熱一冷的母子，蔣醫生不禁笑言：「他會嗲的，嗲到婆婆在旁邊都忍不住開口調侃。」睿泰眼中的蔣醫生，曾是一位嚴厲的母親，現在則如朋友。如今這位「密友」終於完成隔離病房工作，也為她感到驕傲，「醫生真是一份不容易的工作，覺得她很勇敢，我自己未必有勇氣去承擔這份責任。」

對蔣醫生來說，入team是醫生的責任。即使疫症當前，工作時充斥壓力，她依然淡然：「因為平日的工作都很高壓，所以會覺得這份壓力可以管理。」蔣醫生輕鬆地把說話帶過，背後是一種對專業的把握。

2 / 第二章

適當時間做適當的事去滿足社會迫切需求，這才是精髓。

—

教授　文効忠

實驗室挑燈夜「設」抗疫面罩成及時雨

文効忠

香港理工大學工程學院院長／三維打印技術中心實驗室總監

一九九零年加入香港理工大學，現為工程學院院長。疫情期間帶領三維打印技術中心實驗室團隊設計醫護用眼罩、面罩及民用可重用面罩，紓緩前線醫護防疫物資短缺情況。

二零二零年二月中，疫情持續爆發，打工仔紛紛「work from home」（在家工作），莘莘學子忙著網上學習，位於香港理工大學一隅的三維打印技術中心實驗室，入夜後卻仍亮著燈，工程學院院長文効忠教授與團隊不分晝夜，在實驗室內為醫護設計眼罩與防護面罩，其後再配合一般市民需要，設計可重用面罩；上至畫圖，下至到深水埗買材料、做模板，都由團隊一手包辦。比起留在家中避疫，在「疫境」中運用本業服務社會，對文教授與團隊而言，似乎是更合理之事。「適當時間做適當的事去滿足社會迫切需求，這才是精髓。」文教授拿著第N個版本的面罩，如此說道。

「你看看，一開始是提子盒來的。」文教授從手機中翻出一張自拍，相中的他戴著一個不合臉型、略為簡陋的透明膠盒，看起來有點像網上的趣怪圖，文教授卻笑著說：「我們起初就是用不同透明物件試，這個提子盒就是面罩的第一個版本。」

前線醫護「求救」落手設計防護罩

面罩的設計故事始於二零二零年二月，文教授收到伊利沙伯醫院人員求助，指前線防疫物資供應緊張，想他幫忙，「因為我們一直有與伊院合作製作醫療模型，所以院方知道實驗室有大量3D打印工具，便找我們幫手造眼罩，以備不時之需。」文教授一口答應，馬上找來三維打印技術中心實驗室團隊幫忙，「當時已經停了課，但他們『分更』回來，有人早班、有人夜班，星期六日都返，好難得。」團隊一呼百應，在設計上也投放了不少想法。他們認為，即棄眼罩造成浪費，提出可以高溫消毒的可重用眼罩代替，伊院同意，團隊便找不同物料試做模板。他們將模板放在桌上展示，每一塊都寫有設計序號，號碼愈大，反映改良次數愈多，終於，號碼止在「七」，團隊「拍板」選用可承受高溫消毒而不變形的「聚醚酰亞胺」(PEI) 塑料，製造眼罩托架。

為伊院設計眼罩一事，在約一周後傳開。醫管局再次聯絡文教授，找他幫忙造防護面罩，希望一日生產三萬件。文教授二話不說答應，與團隊再次「動起來」。他們研究坊間的防護面罩，發現設計有專利，「一間大學沒理由抄人，不如自己設計！」可保護面部、可在港生產、戴起來舒適、成本低，文教授列出數個設計方向，團隊裡的設計師Tab便如魔術師般，在短時間內生出一個又一個設計，再交由Ester將設計轉換成可打印的版本，由Jennifer負責硬件打印工作，Sidney、Stanley和Freddy 則著手處理生產事宜。

香港理工大學三維打印技術中心實驗室團隊
(前排左起) Ester、文効忠教授、Jennifer
(後排左起) Freddy、Stanley、Sidney、Tab

實驗室變工場
面罩如及時雨

「做著做著，過程很多波折。」文教授吐出這樣的一句，續解釋說：「買不到材料，國內的原材料又運不到來香港。」用作製作模板的橡筋、膠水、海綿不足，團隊唯有親自跑到深水埗「掃貨」，材料有多少買多少，然後托著一袋二袋回到實驗室。那段日子，團隊每日交出設計、製作模板，醫管局便派護士到場試戴，又把樣板帶回去給醫護人員試用，即日提供意見，例如綁帶的方式、面罩戴上面的效果等，團隊收到意見便「漏夜」改良。這樣的過程維持了七八天，終於生出一個滿意的設計，可以正式透過3D打印生產面罩。

將物料注入3D打印機，花上兩小時才製作出兩塊模板，校內二十部打印機一同啟動打印，團隊則守在實驗室，每當有物料卡住、需要換材料便上前處理；模板打印完成後，還要貼上海綿及加上膠片，實驗室頓時變成工場，大家捲起衣袖便落手製作，組成了一條生產線。不過，二十部打印機的生產數量十分有限，「別看他們外表年輕，以前都在工業界打滾多年。」文教授指向身邊的Sidney、Stanley和Freddy，「他們一個電話打去舊公司，就答應幫手生產。」即使有公司支援，以3D打印方式製作，短期內最多只能生產一千件，終究還是須以傳統工業的量產模式製作，才能滿足醫管局需求。文教授嘗試找生產商，由組織、買材料，到做模板，所有步驟重新運作一次，約一個多月後，生產商每日可生產一萬件面罩，兩個月之內增至每日三萬件。「如果前線都不知道面罩何時用完，壓力好大。」文教授形容，在防疫物資最緊張時為醫護設計出防護面罩，有如一陣及時雨。

MakerBot Replicator

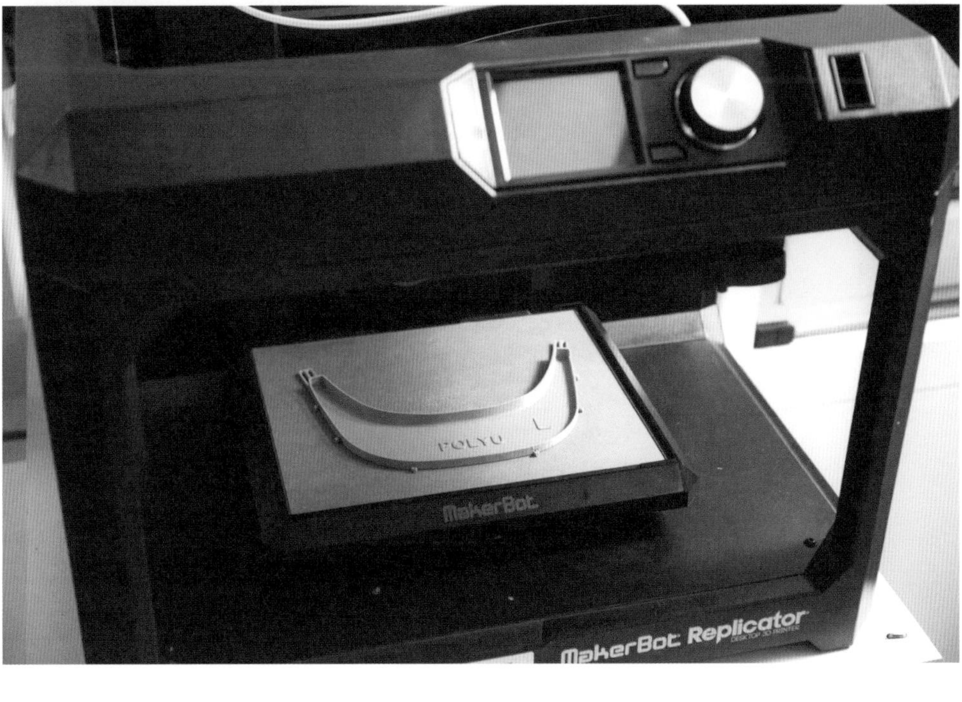
POLYU
MakerBot
MakerBot Replicator

非常疫情

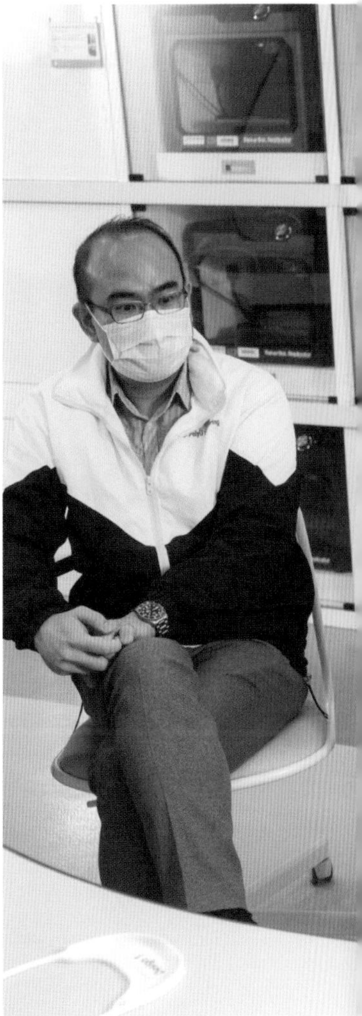

民用可重用面罩設計蘊含巧思

將面罩生產技術轉移給生產商後，文教授與團隊正式抽身，卻未因而停下設計步伐。「我們解決了醫護需要，那麼平民呢？」疫情下，因工作需要接觸不同人、走訪不同地點的人士如收銀員、清潔工，他們被視為「高風險一族」。文教授想設計出一款適合市民日常使用的防護面罩，解決需要。他同樣先列出設計方向：「一定要簡單！」文教授想到，如果要以數十元購買一件即棄產品，或不太能吸引市民，同時亦對環境造成破壞，所以便將「環保」和「省錢」一併納入設計原則，計劃造一件可重用面罩。

文教授和設計師Tab研究過市面上的防疫帽和面罩的優缺，「含布料多數難清洗。」Tab畫出不同設計圖，其中面罩的膠片上、近眼眉位置有著數個明顯的凹凸方格，「都是有功能的，可以頂著額頭，戴起來較舒適、無『霞氣』，如果有人打噴嚏也可以擋一擋，不會沾到頭髮。」一件看起來平凡、簡單的產品，當中蘊含了設計師細緻的巧思，亦正因為這份巧思，才令產品變得獨特、更能滿足用家需要。

反覆設計試驗 盼市民生活回復正常

「這個是第三十六代！」文教授拿著可重用面罩笑著說，然後急急澄清，「我開玩笑而已！但真的設計了很多個版本，主要是索帶，本身想用啪鈕調校鬆緊。」團隊找了一家內地廠房生產三萬件可重用面罩，派發予校內職員和學生。有清潔工友戴著面罩工作，「實測」後向文教授道謝，讚面罩有效阻隔沖廁時飛濺的污水。大學又將面罩送到中醫診所和社福機構，獲得一致好評。

Sidney最深刻記得一次，一位失明人士到實驗室時跟他分享，說自己戴著面罩跑了十公里，感覺很好、很透氣。文教授聽畢，淡然地說：「我們自信產品是『掂』的。」然後又說，如產品及早推出市面，市民可以戴著面罩吃飯，「毋須『限聚令』啦！」聽起來像是戲言，文教授卻不是在胡扯。他曾戴著面罩吃麵，過程沒有產生「霞氣」，面罩再次通過了「品質檢測」。

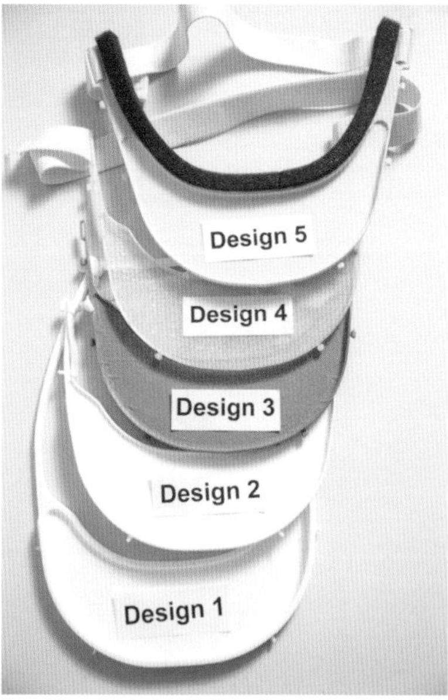

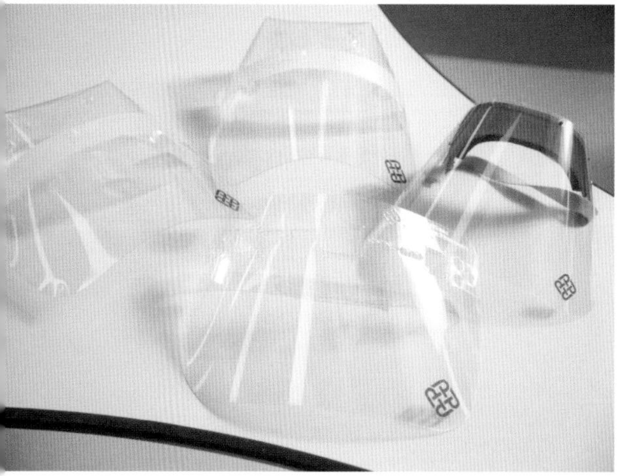

由起初的眼罩，推至面罩和可重用面罩，團隊現時再忙著設計一款可重用的N95口罩。問文教授是否愈做愈起勁，話音剛落，他隨即笑說：「愈做愈累！」文教授相信疫情不會短期內完結，何時才能成功研發疫苗對抗疫症，也是未知。他擔心長此下去，防疫物資會持續供不應求，便抱著讓市民在疫下回復正常生活的心態，設計一件又一件產品。順應時代而做設計，文教授說是首次，「一直以來做研究都是為了探索新知識，過往卻沒有想過社會迫切需要甚麼，而去設計相應產品，所以這次設計工作存在考驗。」這次工作為文教授帶來啟發、開了眼界，經歷寶貴又難得。未曾設計商用產品的他，近日也開始試著構思，「初初沒想過原來設計『落到地』，現在有信心可以做好。」

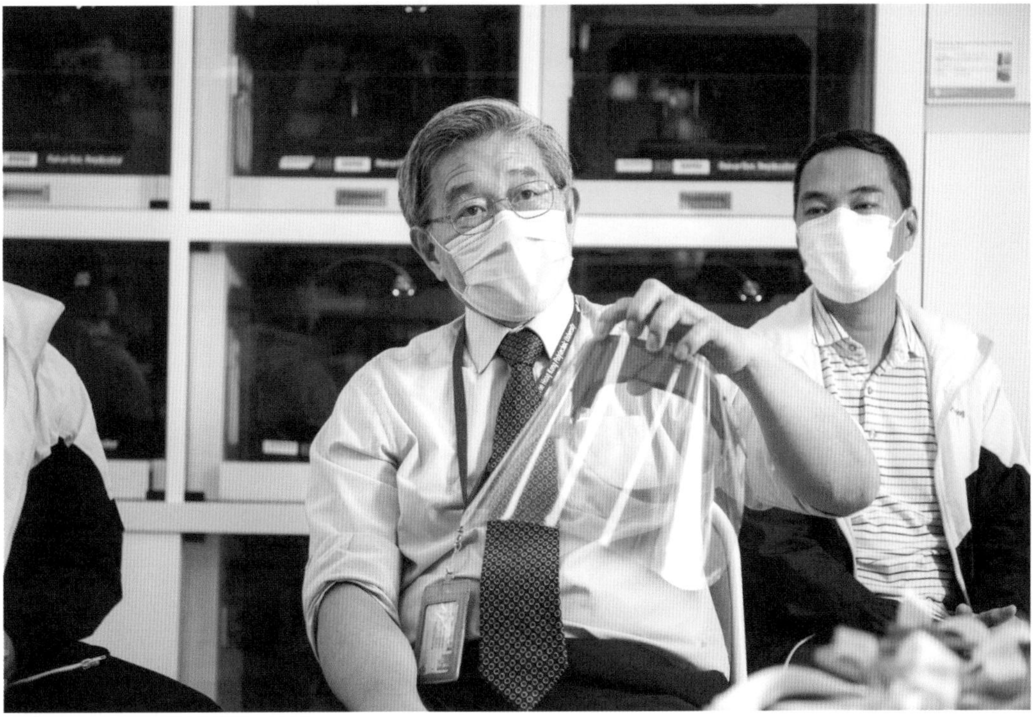

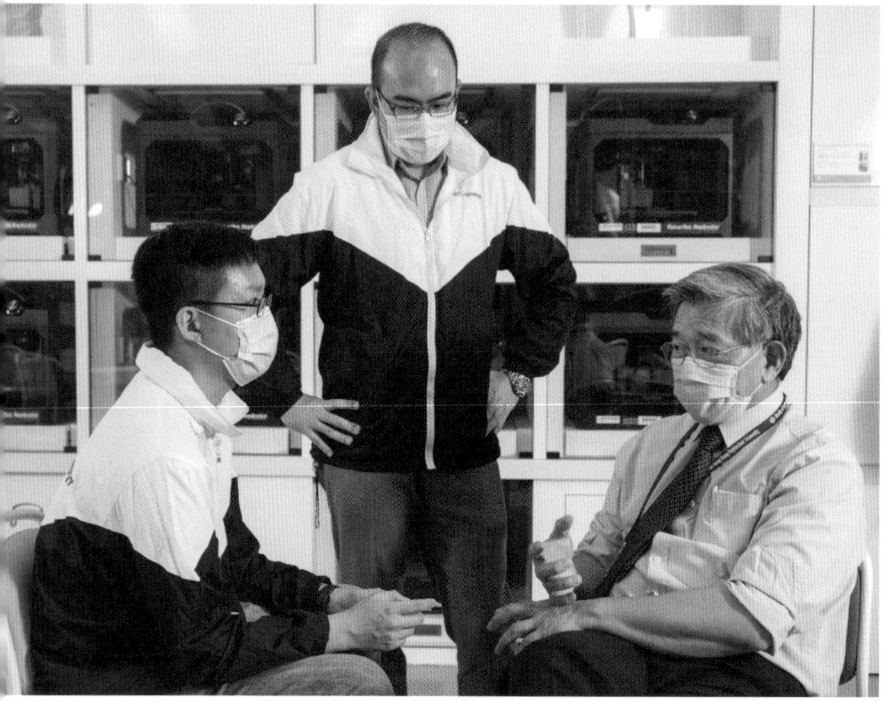

同心協力做該做的事　展現港人精神

回望設計過程，文教授最難忘有畢業生和校內同事得知他和團隊正在忙著設計防疫用品時，自動請纓幫忙，「大家自動自覺，同心做好一件事，是好感動的。」文教授從中感覺到一份港人精神，「只要有難題就會同心協力去解決、為社會好。」而團隊在實施在家工作期間仍輪班回實驗室幫忙，同樣基於一份想為社會付出的想法。「當刻需要做甚麼便做甚麼，把專業拿出來，做該做的事。」說話出自Stanley口中；Freddy則說：「香港人幫香港人，好合理，現在不上班，之後可能不能上班，加上幫醫護其實等於幫自己。」團隊中，Jennifer有一位兩歲大的孩子，但仍樂意在疫情期間回校工作，「很難得。」文教授說著，Jennifer腼腆地笑。

由上午八時半至深夜十二時都有人在實驗室內，團隊一致不覺得疲倦。「教授認為這是應分的嘛！」Sidney如此說，文教授點頭：「做工業這個行業，很習慣趕工。」投身教育行業前，文教授曾在外國廠房及研究所工作，接觸過不同類型的工業。零下幾度的冬天深夜，文教授和同事在德國工廠內開著暖風機工作，忙碌起

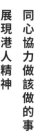

來會忘掉時間，「半年來不知星期六、日是甚麼。」但對他來說，這樣的生活卻很正常，「你喜歡這份工作就不介意工時長。」現時實驗室團隊分成兩更回校，文教授則「全天候」留在辦公室，他解釋：「因為我很喜歡工作。」團隊跟隨文教授工作，也感受到他的投入，「好有感覺，他一想到就去做，好好玩。」Sidney再次以「提子盒」為例，「他都願意這樣試，我們更應該不斷嘗試。」

疫情下的一件日常小物，花了八個人的心力設計和製作。即使這件產品並非重大的科學發現，但在文教授和團隊眼中卻意義非凡。「我常說，這不是高端的火箭科學，或虛無飄渺的科研，而是極貼地實用、大家極需要的東西。」做研究時，可以走入一個常人無法理解的學術世界；做產品時，則可以按實際需要做出「貼地」設計。游刃地在學術領域中游走，是文教授與團隊對專業的一種詮釋。

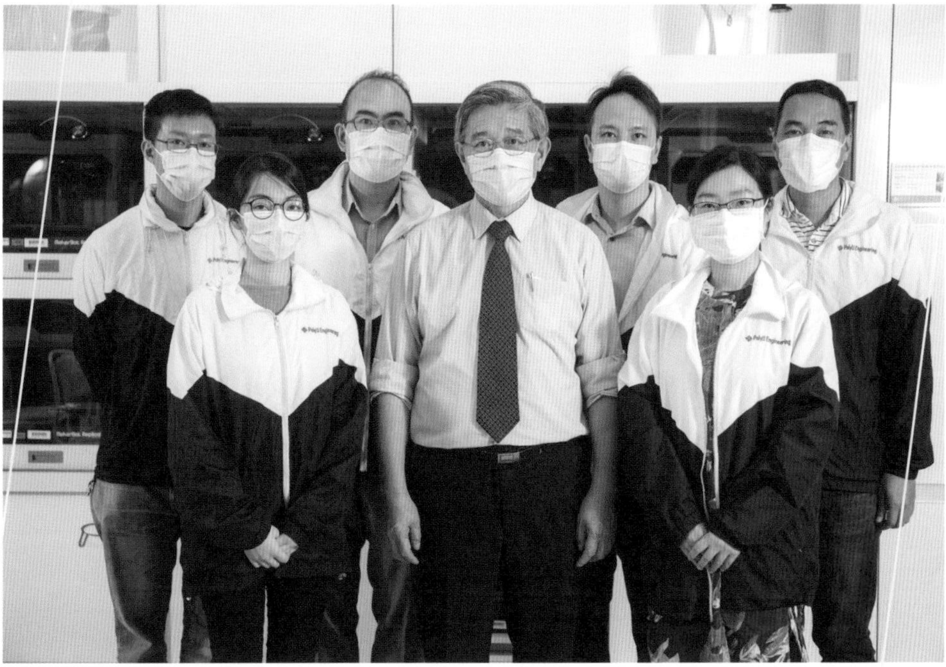

3 / 第三章

為了這頭家，多辛苦都是值得的。

——

技工　李錦

讓山林郊野成為心安的歸處

李錦

漁農自然護理署大欖郊野公園深井管理站技工

一九八一年以二級工人入職，開始於郊野公園工作。現職為技工，有多達三十五年在郊野公園工作的經驗。工作範圍廣泛，包括種樹、建築及維修設施等。在疫情期間，由於郊野公園遊人數量大增，園內垃圾數量大幅上升，執拾垃圾、保持郊野公園環境清潔成為主要工作，以防止疫情擴散，致力為香港人提供安全、整潔的郊遊環境。

「這裡是我的家。」李錦這樣說。

我們的家——香港，今年也變得不一樣。二零二零年的新冠疫情顛覆整個世界，香港也無法獨善其身。自疫情爆發以來，人們為了避疫，保持社交距離，都盡量減少室內聚會、聚餐；尤其自三月中政府頒布規例，酒吧暫停售賣酒類飲品、限制餐飲處所人數，夜店及夜總會、卡拉OK場所、麻將天九耍樂處所都必須關閉——這些措施雖然是出於安全考慮，但的確令不少市民的娛樂選擇大減。

如何在疫情中作樂，成為了市民的難題。其中有一群人選擇往山上走，透過與朋友郊遊，排解疫情帶來的鬱悶，並開始踏足香港的郊野公園。認識自然本屬美事，但當山上人太多，卻又埋下爆發疫症的隱憂。在這緊張氣氛下，有一班人默默為港人付出，為山上的抗疫工作埋頭苦幹，希望為市民大眾提供安全的郊遊環境——他們是漁農自然護理署的工作人員，而技工李錦是其中一員。

當郊野公園成為港人短暫避疫的避風港，李錦卻視它為如家的歸處。

當垃圾扔在你家

「你看，這山稔多美！」李錦說起山上的一草一木時，總是笑臉盈盈，彷彿談起家裡的孩子一樣。他當年入職時只有廿七歲，投考這份工作純粹出於對山林和運動的熱愛。一直工作至今，有半生都在郊野公園度過。

「每天都要到山上走一走，不然會不舒服。即使我現在放假，也會想來行山！」大概與一般港人有異，每當下班時要回歸市區、嗅著混濁空氣又要和人群擠擁，他就覺得不舒服，放工後反而期待翌天上班，其對郊野公園的熱愛可見一斑。

郊野公園，彷彿是他發揮的舞台。作為技工，他的工作範圍甚廣：包括種樹，處理山火和颱風後的損毀，設計、建築、維修設施，還有園內的清潔工作等，包羅萬有。然而二零二零年的疫情，可謂一段非常特殊的時期，為他帶來了不一樣的工作體驗。

「疫情爆發後，清潔佔了我大部分的工作。」自山上人漸多，令山上垃圾數量大增，李錦的其他主要工作都暫時放下了，執拾垃圾成為他優先處理的事項。例如近年成為熱點的千島湖清景台，位處李錦所屬深井管理站的管轄範圍內，「疫情爆發後的人數，至少是先前的十多倍。人多不是問題，問題是有些人會周圍丟垃圾。」以往管理站會一星期一次派員前往該區清理垃圾，每次收集到的垃圾約一袋半；然而疫情爆發後，管理站每天派員，每次所執的垃圾多達兩至三袋，李錦要逐一用擔挑從行山小徑孭出來。

亂拋垃圾增傳播風險

近年政府與民間組織都力推「山野無痕」(Leave No Trace)的概念，主張珍惜郊野環境，其中包括自己垃圾自己帶走，又移除行山徑的垃圾桶，鼓勵市民自律。一般登山客對此行山禮儀甚熟悉，故疫情前山上垃圾數量有限。然而疫情爆發後，一些沒有行山習慣的市民，紛紛湧往大自然，卻不諳此文化，才在山上留下不少垃圾。

尤其是在燒烤場及營地未關閉前，垃圾數量更是慘不忍睹。在人們能坐下聚集的地方，垃圾成堆：當有一個人把垃圾放下，就有另一人把垃圾放在旁邊，通過這「羊群效應」，促成了一堆堆垃圾。至於行山徑上，也會看到垃圾零零星星散落在路上，李錦都要逐一用鉗夾起。更會有人把垃圾拋在山邊隱蔽的角落，以為這樣就無人知曉，李錦都會逐一執拾，不論有多偏遠崎嶇。只有近管制站場地的垃圾才能用車移動，行山徑上的垃圾，他都要步行進去，再用擔挑逐一孭出來。

經過這數月來密集式的工作，李錦幾乎對疫情間遊人丟垃圾的習慣瞭如指掌。「從垃圾的類型即可知道，留下垃圾的不是行山常客。」當中有未吃完的飯盒、膠樽、汽水罐、紙巾……「登山客是不會帶飯盒上山吃的，而且多數自帶水壺，不會帶樽裝水。」而最駭人的，要數留下了用過的口罩。市民在市區長期帶口罩的壓抑，彷彿一來到郊區就被釋放，他們或覺空氣清新、或覺人的密度較市區疏落，認為感染風險較低，就會把口罩丟掉、在山上走——他們卻沒想到，遺留下來的口罩會增加病毒傳播的風險。

「若把口罩隨便扔，那飛沫就會周圍傳播了。而其實山上除了人，還有很多野生動物，當動物接觸到口罩、飯盒，就有可能被影響了。」這些動物包括猴子、雀鳥、野豬等。李錦每次看到有野豬在口罩旁邊找食物，或想到萬一有鳥兒用口罩來築巢，就禁不住搖頭：「對我們來說，除了乾不乾淨、市容好不好，其實整個生態環境都很重要。」

抗疫必須謹慎

所以當郊野公園成為遊人們喘一口氣、稍稍放鬆的避風港；垃圾其實令李錦緊張了起來，就如有人把口罩丟進了他家裡。

「說不怕也是騙你的，唯有在安全措施上做足吧！」戴口罩和多洗手是必然的，執垃圾時也會用鉗，不會用手直接接觸。以前只戴勞工手套，現在卻會再加上塑膠手套，務求達到兩重保護。每次用車載完垃圾，都會開一盤漂白水洗乾淨車身，再用水喉沖洗，車廂內的座椅也要用漂白水洗乾淨，直至內外都徹底消毒，才會交給下一個同事。

作為抗疫的前線清潔人員，回家也絕不輕鬆。李錦會在家門前放一枝漂白水，入門口前要除鞋，噴乾淨才會進屋。進屋以後就立即進洗手間換衫，直接泡一個澡，過後才能休息。「女兒也會叫我，洗頭、全身洗乾淨才能吃飯！畢竟一個人感染，就會影響整家人。所以我們真的很小心。」這段日子令李錦回想起沙士，但是比起二零零三年，今趟疫情更長、上山人數亦更多，工作亦自然更辛苦。

山上人潮的一體兩面

當本來美麗的山野，變成滿布垃圾的地方；遊人的輕率除了增加感染的風險，也令清潔工友工作量增加——如何看待眾多遊人於疫情湧上山，當中充滿著爭議。但在這裡工作了三十多年，李錦對這現況自有其見解，並認為問題是一體兩面。

「當他們認識不深、傷害了環境，我們確實真的很心痛。」垃圾滿山不在話下，還有不少初生的樹苗，都是李錦親手種植的，一棵棵小樹都要經細心打理才能長成，「每棵樹的樹苗，都是辛辛苦苦才能用擔挑擔上來的。而種下來之後，還要施肥、除草、鬆土，根才能長得好些、快些大。所以啊，照顧每棵樹，就好像『湊細路』一樣。」

植物長到一定的規模就不太需要打理，但頭數年要多花心思。然而疫情之下，太多人到山上走，卻不為意把小樹苗踩死了，「你照顧了它這麼久，就真的會有感情。像這些杜鵑我們種了一整年，還不是很大，當它被踩死了，又要一段時間才能讓它重新生長，真的很心痛。」

環境受破壞自然傷感，但另一方面，李錦卻表示理解，同時樂見愈來愈多人上山的趨勢。「始終在疫情中，太多香港人不開心了。難得在山上空氣又好，又多美景，可苦中作樂，又能安全地和朋友相見。」作為愛山之人，他深知山的魅力，對山能風靡萬千市民並不意外。

「說實在，見到這麼多人行山，其實我們都很開心。」他的快樂，來自有人認同自己的工作，和更多人開始懂得欣賞大自然的美。他將疫情理解為港人認識郊野公園的一個機會，「假如疫情沒發生，可能人們還是習慣去逛商場、涼冷氣，不會有踏足自然的機會。」他最高興的，就是平時從來不行山、不做運動的朋友，現在每逢假日都會打電話給他，要他介紹登山路線，「彷彿行到上了癮似的，不行一天就不舒服！」李錦笑說。

所以在他看來，問題其實不在於人數。山上人潮本是樂見及自然之事，問題是要培養愛護自然的意識。「多人其實不是問題，但希望他們會清走垃圾，美麗的花草不要採摘，不要踩死樹苗——讓人和自然能好好共處。」

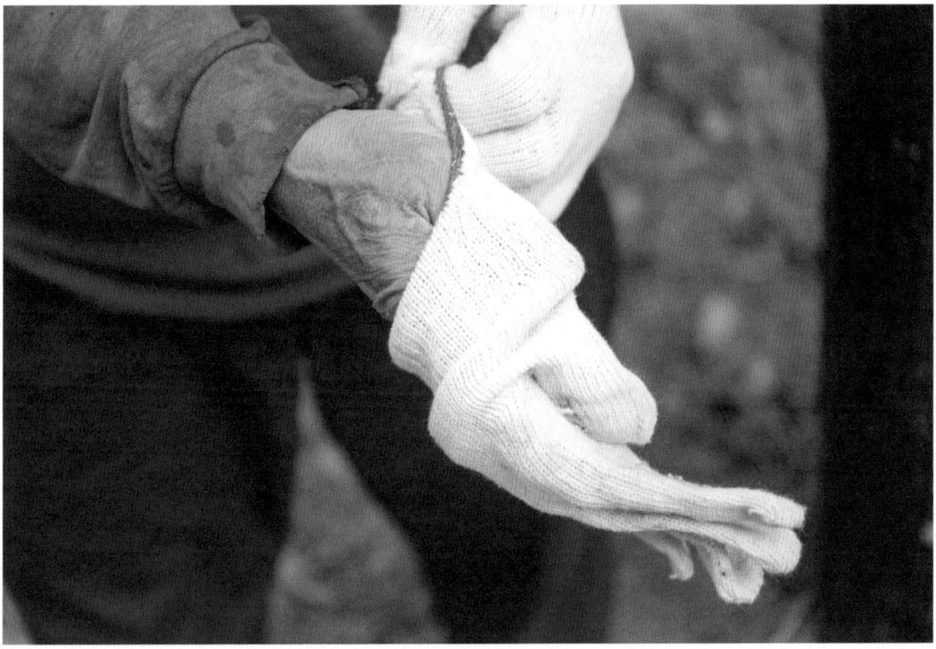

適應無常
給市民時間

「疫情也是一個提醒吧，提醒人有無常、有逆境。這世界就是有很多變化，必須努力去適應。」像植物總是不斷變化，會為了環境而作出調節；李錦面對這次疫情，也嘗試從植物身上學習，透過調適心情來克服疫情帶來的挑戰。

因山上日積月累的修煉，李錦培養出一種豁達的心態，他希望用寬宏的態度面對疫情中的衝突。「我明白，行山是要時間學習的。」他相信很多人不是刻意要去亂丟垃圾、加速傳播，只是因為順手、還未培養出意識。他了解從剛認識自然的初心者，再轉化成資深的自然愛護者，當中存在著一個過程，不能一步登天。

在等待轉化的期間，李錦不介意多做一點、辛苦一點，去守護他的家園；同時盡可能用豁然的態度與遊人相處，可能時盡量提醒。「如果你看見有人扔垃圾，你就想：『這個人真衰！』那就會愈做愈氣了。但如果你想：『他們還未懂行山，單是行都已經那麼辛苦，身上又孭著水和食物，你要他如何帶走垃圾呢？』」

對李錦而言，負面情緒、埋怨等情感，都猶如垃圾一樣，他不願把它放在心上，只求徹底清洗乾淨。與其對亂拋垃圾的人黑口黑面，他會選擇笑臉迎人、打個招呼。當別人跟他說「辛苦了」時，他會溫馨提示對方：自己垃圾、自己帶走，那裡就有垃圾桶了喔——這是一種溫柔的教育，幸而大多數遊人都願意接受。即使有人對他的打招呼無感，李錦都不氣餒，會認為對方聽不到而已。「如果你每天都去跟他打招呼，我相信對方總有天會回應你的。」這當中存在一點傻勁，但是也天真得美好——這就是李錦面對疫情的處世哲學：努力不懈地做好自己，心存善念而互相體諒。

「畢竟，這山就是我家。」因為視之為家，才會渴望融洽、才會不計較付出。這種傾力守護的精神，應該所有港人在抗疫期間都熟悉不過。雖然有些人對家的定義未擴及到山野間，但因爲山，並不是屬於一個人的，亦因此，只有一個人努力並不足夠。

李錦期待有天，山不是港人短暫的避風港、不是避疫的過路處，而是所有香港人都願意一起花盡心思去守護的家。當山成為大家都願意長久守護的存在，就能成為港人心安的歸處。

4 / 第四章

北區很多人搶口罩，公公婆婆凌晨五時開始排隊，才買到五個口罩，為了甚麼呢？不如由我們縫製布口罩，起碼有一個防護，我立刻想到我最強大的後盾——婦女。

—

社工　麥倩熒

社區自救
分享手製溫暖

麥倩熒
香港青年協會
賽馬會祥華青年空間社工

成為註冊社工逾十年，主要服務對象為青年。她是幼兒活動課程導師，亦負責組織區內青年和家長義工群組，曾策劃「鄰舍第一．送米助人」和「惜物留情」等服務計劃，帶領義工服務有需要的社群。疫情期間，發起縫紉布口罩和防疫袋計劃，讓婦女發揮所長，為社區送暖。

踏入二零二零年二月，新冠肺炎確診人數逐漸上升，面對區內掀起「口罩荒」，一眾太太除了在家裡照顧兒女和做飯外，還可以為社區做甚麼？本著一顆助人的善心，原本主要從事青年服務的社工麥倩熒（Twinny）組織了八位媽媽義工，於短短半個月內為區內有需要人士縫製了百多個布口罩和防疫袋。「看到市面上不夠口罩，我懂得車衣，不如幫助有需要的人。」提議發起行動縫紉計劃的全職媽媽Amanda如是說。

(左起)Rachel、芷寧媽媽、Amanda

社區互助網絡
雪中送碳

Twinny任職社工逾十年，平日除了帶領青年義工小組，亦主要負責帶領幼兒的興趣班組，因此認識了一班接送子女上課的家長。「婦女是我最強大的後盾。」她面露微笑地說，過去空間舉辦社區活動時，媽媽們除了帶孩子來玩，更會自發擔任攤位義工，「她們都住在北區，每次活動都很願意幫忙，其實社區真的很有愛。」於是，Twinny想到建立媽媽義工社群，一方面讓她們在生活以外有更多接觸社區的機會，另一方面提升婦女能力，為社區的婦女充權(women's empowerment)。

這次行動始於二零二零年二月尾，幫忙製作布口罩和防疫袋的八位媽媽，分別來自Twinny的面部彩繪和「惜物留情」義工群組。其中一位媽媽Rachel曾參與美化屋邨和社區彩繪等活動。一頭紫髮的Rachel打扮年輕時尚，手臂和腳跟都紋上色彩繽紛的圖案，很難想像原來她有一個十一歲的女兒，更是一位全職媽媽。「Rachel是我們彩繪義工活動的導師，她非常有美感。」而「惜物留情」計劃已成功舉辦了兩屆，Amanda和芷寧媽媽充當計劃導師，帶領區內毫無車衣經驗的中學生，與長者中心的長者一起透過縫紉重新改造舊衣物，讓長者把禮物送給摯愛的親人。「我們得到電視台邀請上鏡接受訪問，媽媽們都非常興奮！」Twinny眼眸裡閃著光芒，媽媽義工們無不感到光榮，因為自己的努力獲得社會的認同和賞識。

口罩漲價六倍 不忍長者連日輪候

二零二零年三月是疫情最艱辛的時期，社會嚴重缺乏防疫物資。天未光，藥房外已見長長人龍，當中不乏自備板凳通宵輪候的長者。「一盒口罩要二三百元，怎買得起？」Amanda是三孩之母，深深感受到百物騰貴的難處。她喜歡縫紉，家裡有部車衣機，平日都會自製小物送給家人和朋友。她想到，這場疫症似乎是一場持久的硬仗，尤其對區內貧困的長者而言，消耗性高的外科口罩不足以應付長期作戰。受「惜物留情」計劃啟發，她很想運用自己那部小小的車衣機，幫助區內的長者。

當Twinny聽到Amanda縫製布口罩的建議，立刻點頭贊成，「老人家都比較節儉，即使有口罩都捨不得用。」而且部分長者缺乏足夠防疫意識，甚或已有長期病患，面對世紀疫症，面臨更高的感染風險。Twinny平日與鄰舍義工隊定期上門送米給長者，疫情期間亦不例外，而且會加派防疫物資給他們。然而，眼見很多公公婆婆沒有戴口罩上街，或者一個口罩戴兩三天，甚至十天，她實在於心不忍，希望能藉社區力量，協助他們度過今次的難關，「戴布口罩至少有一層布可阻隔飛沫，雖然不專業，但平日外出買餸都可以阻擋一下……」可是，社區對口罩的需求量大，人手縫製布口罩十分費時，一個人的力量並不足夠。Twinny頓時想到自己的媽媽義工網絡，很快團隊就籌組起來了，「最初媽媽們都不知道要做甚麼，不是人人都懂得縫紉，大家都是出於一顆助人的初心，在疫症下更是難得。」

八位媽媽當中，Rachel、芷寧媽媽和Amanda是全職家庭主婦，三人能夠投入最多時間幫忙。她們觀察到不少長者為了買數個口罩而連日辛苦排隊，四出頻撲。市面同時充斥質量參差的口罩，長者未必能夠分辨。各人分工合作，疫情下為避免遠行，Amanda和芷寧媽媽未有到深水埗買布，反而就地取材，無私地捐出家中的卡通布和花布。Rachel雖然不懂得車衣，但仍然希望參與其中，因此主要負責裁布，「每天不停裁啊裁，時間很快度過。」Twinny笑言：「她們很慳，用盡每一塊碎布，不會浪費。」

最初，義工團中沒有人知道製作布口罩應該用甚麼布料、形狀大小、款式等，都是摸石過河。「我們主要考慮布口罩的實用性和透氣性方面，布料要防水、不可以太焗，長期貼面一定要戴得舒服。」Amanda說笑道：「家裡的失敗品極多！」媽媽們各自在家經過無數次嘗試，互相分享失敗的經驗，不停作微調——改高一些鼻子的位置、下巴包得貼服一點等，才造出令自己滿意的布口罩樣本。

市面口罩持續供不應求，她們都希望盡快造出製成品送出去，因此非常落力，「由早上十時一直工作到下午六時，像流水作業的工廠。雖然過程很忙碌，但一點都不覺得辛苦。」Rachel輕描淡寫地說。如是者，她們三星期內有八天都過著朝十晚六的「上班」日子，共度早午晚三餐，媽媽們由最初有的互不相識，到後來都變得非常熟絡。

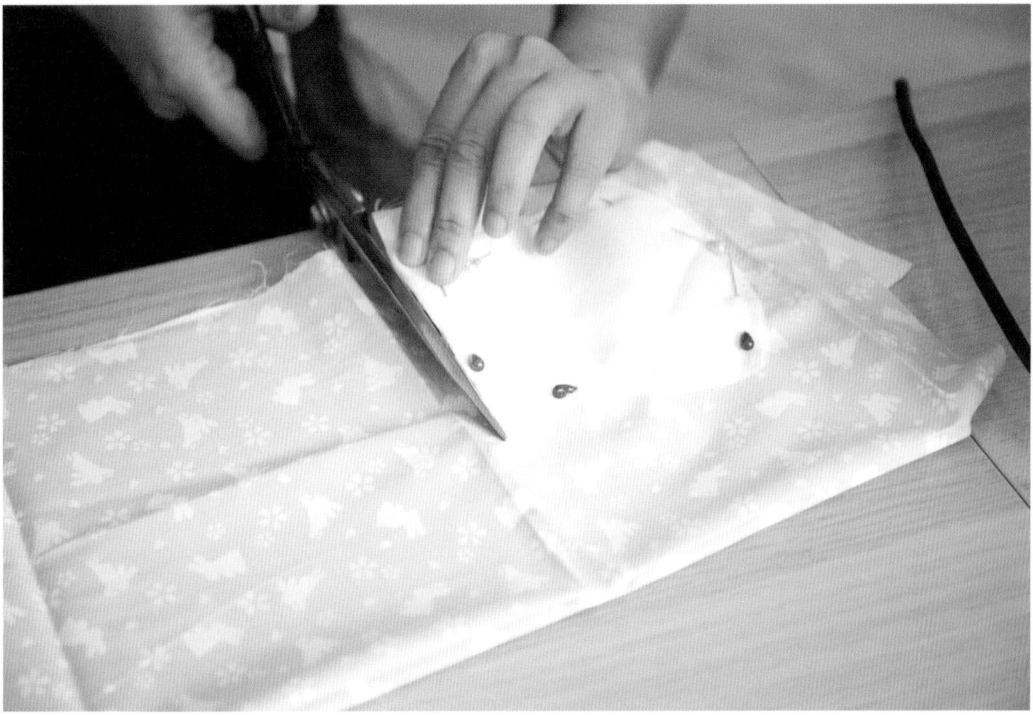

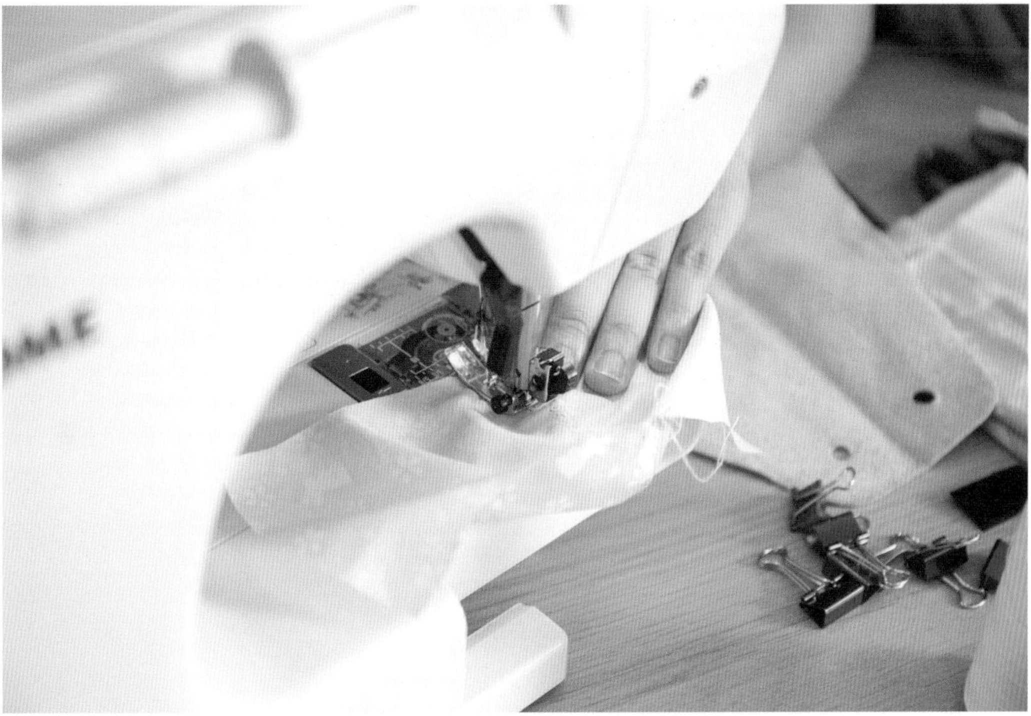

審時度勢 照顧長者需要

布口罩比一般即棄的口罩較難使用，由於布口罩並不能預防病毒，因此一般使用時會在中間加入濾芯。芷寧媽媽會把外科口罩剪半，當作布口罩的濾芯，以節省外科口罩的使用量，「有些人則放入冷氣機過濾網、兩張廚房紙等當作濾芯使用。」

雖然布口罩既美觀又可以清洗，但防護性始終不及外科口罩，社會對其效用存疑。Twinny和媽媽們花了很多時間思索，又做了很多筆記：應該如何送贈、怎樣向公公婆婆說明正確用法等。「整個過程很困難。我們了解較多防疫資訊，知道怎樣清洗布口罩，但我們送出去的布口罩不包括中間的濾芯，老友記會否直接戴出街？這樣防護性就等於零。」她們擔心長者不懂得處理、清洗，贈送布口罩反而會適得其反。經過深思熟慮，礙於安全原因，她們改為採用兩個更合適的模式：一，送給身邊有需要的朋友，例如長者鄰居。送給認識的人，能夠親自教導他們使用，若他們遇到任何困難都能夠方便發問；二，把已裁好布的材料包送給中學生，他們懂得正確使用布口罩，而且能自行縫製。

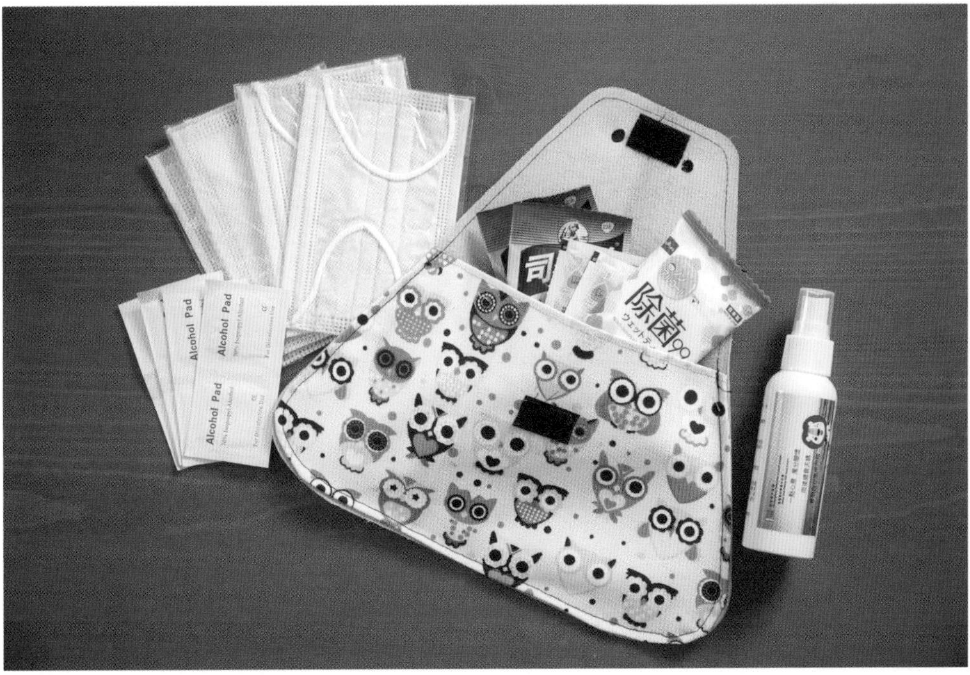

防疫袋贈DSE跨境學生

除了布口罩外，祥華青年空間得到一些商家捐助防疫物資和資金，於是媽媽們再次運用手上的布料和獲捐贈的皮革，連忙車起環保又實用的防疫袋來，用以收納防疫物資，包括酒精搓手液、消毒濕紙巾、增強抵抗力的飲品沖劑等，送給服務對象。

辛苦做好製成品後，作為社福界的一分子，不同機構互相分擔工作，她們再次審時度勢，發現地區已有不少長者獲贈防疫物資，Twinny因此決定分流。「四月時，我們知道北區有很多跨境學生需要回港考DSE（香港中學文憑試），他們普遍欠缺物資，於是我們想把手上的防疫袋和物資送給他們。」Twinny即時聯絡區內的學校，得到非常熱烈的反應，短時間內已收到不少訂單。「學校都感到很雀躍和欣慰，感謝我們幫忙，我們前前後後製造和送出了二百六十個防疫包。」

服務使用者的信任
工作最大的肯定

作為計劃的牽頭人，Twinny感受最深的，是媽媽義工們對她的信任。「我問她們：『疫情肆虐，來工作不怕嗎？』她們都說不怕，因爲有更重要的事情值得堅持，更帶著只有三四歲的孩子來幫忙。」聽到Twinny說起自己，芷寧媽媽笑了笑：「對啊，我的女兒也來了『上班』！一共六天。」青年空間本來是向青年及社區開放的場所，疫情期間須暫停開放並徹底進行消毒，單位員工實行在家工作模式，Twinny每周大概回去一至兩次。她和社工同事到屋邨上門派發防疫物資時，都會穿上整套保護裝備，「我上前線派物資難免會有少許擔心受到感染，但媽媽們非常信任我們的專業，相信中心有足夠的保護和防疫措施，不介意在疫情期間前來，這是對我工作的一大肯定。」

義工媽媽們在疫情期間互相遷就時間，雖然不是每一次都人齊，但誰來到就做自己熟悉的範疇，配合Twinny在短時間內趕製大量布口罩和防疫包，看到製成品成功送到服務對象手中，大家都感到非常滿足。「在社工層面，我的工作是整合資源，整理並分配給服務對象，而背後需要靠她們的支持，這一份信任就是我堅持下去的原動力。」Twinny除了發揮專業，擔當統籌、聯絡和安排外，亦必須靠著她的強大後盾——媽媽義工發揮所長，才能事半功倍。

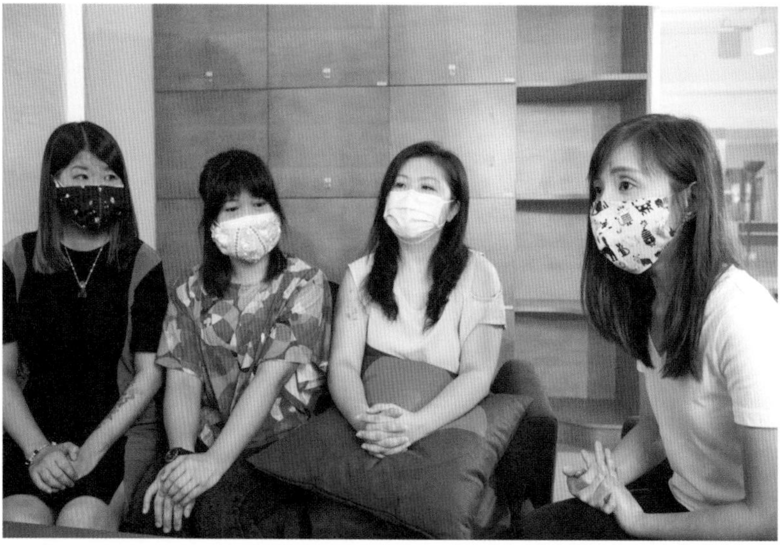

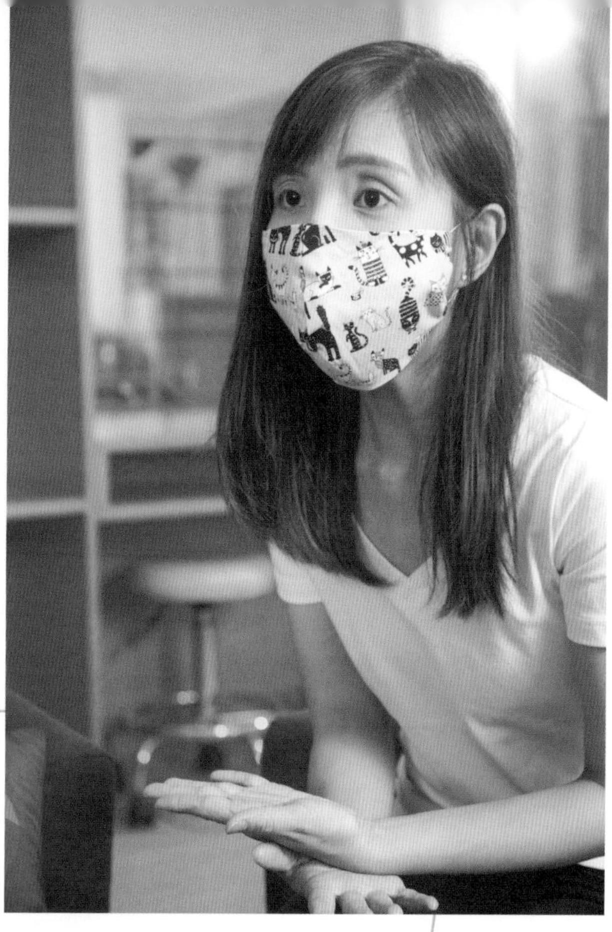

未來，Twinny希望幫助婦女在職涯規劃方面發展，舉辦一些手工藝活動和興趣班，以婦女的專長教導年輕人。「例如Amanda製作香薰球、芷寧媽媽車衣、Rachel教面部彩繪，我想把她們的崗位發揚光大！」對於即將有機會做導師，三位媽媽聽罷都感到很興奮：「我很有信心！」

社工透過籌組活動、提供渠道，一方面幫到區內學生和長者鄰舍，另一方面讓婦女實現自我、貢獻自己所能。身為社區的一分子，大家只要運用各自的專長，並發揮守望相助的精神，任何人都能為街坊送暖。

5 / 第五章

因為停課而使用網上教學只是方便了大人，但不可因為方便，而放棄一直堅守的信念。書信溝通是回歸最自然的學習模式，雖然過程比較辛苦需時，但絕對值得。

—

校長　陳鳳儀

回歸自然學習模式 堅守教育初心

陳鳳儀

香港青年協會青樂幼稚園／青樂幼兒園（油麻地）校長

於幼兒教育界工作逾三十年。疫情期間，身兼防疫物資採購、家長聯絡、教案統籌等多個角色，堅決不順應潮流使用電子教學，避免熒幕產品對幼兒帶來深遠影響，反之以簡約自然的書信模式及手作教材套，與幼兒維持緊密溝通，並帶領老師團隊合力製作《停課了》繪本，透過圖畫說故事，減低孩子對疫情的恐懼，緊守專業崗位。

停課……學生們變相「放假」？校長和老師也應該比較空閒，可以趁機休息？或許這是不少人的想法，甚至是部分家長的心聲。「當然不是！停課期間我們的工作更忙！」陳鳳儀校長斬釘截鐵地說。

作育英才三十載，陳校長本著「兒童為本」的宗旨，以愛履行教育使命。她深信幼兒具備天賦的條件和能力，而學校提供環境和空間，刺激幼兒自然發展，適應不斷轉變的世界——包括這次新冠肺炎疫情。然而，幼稚園停課超過四個月，學前預備班至低班學生更停課了半個學期，缺少校園這個實在的大環境，陳校長選擇了最自然的學習媒介——實體書信和繪本，以文本傳遞關愛，同時裝備他們應對眼前挑戰。

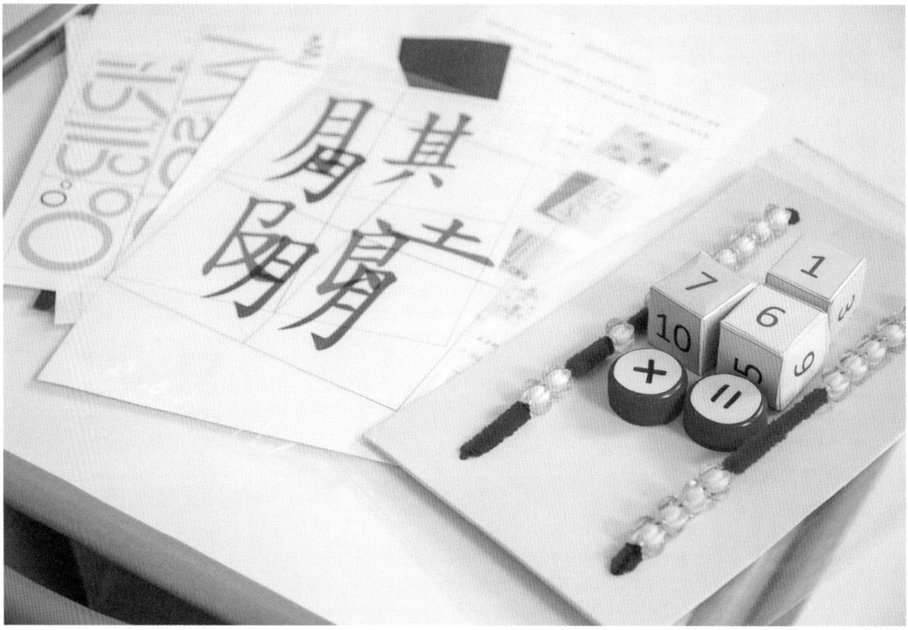

停課不停工

步入幼稚園，看到工友們埋頭整理和消毒一大堆玩具及圖書；跨過數輛圖書車後，一名師傅在指指劃劃，原來課室的牆壁和兒童洗手間正進行小型翻新工程；踏入校長室，映入眼簾的是滿桌的教材、書信和工作紙，校長和主任正在討論新學年的計劃。

「這些都是在停課期間，我們連日製作的教材，用郵寄的方式送給幼兒和家長。」原來在家學習需要準備的教材比平日更多，例如每位幼兒一份的英文生字紙皮公仔箱、數字積木、泥膠和拼字工作紙等學習材料，以及一些防疫包、抗疫小知識單張和抗疫繪本，老師需時製作和分配，工作量一點都不輕鬆。

物資短缺　復課無期

「因為經歷過二零零三年沙士，所以我很早便察覺到新冠肺炎疫情事態嚴重。」十七年前的非典型肺炎（SARS），讓當時擔任幼稚園主任的陳校長，上了寶貴的一課。她知道農曆新年假期有大量人流交往，正是傳染病大規模爆發的導火線，加上SARS的震撼和影響仍然歷歷在目，於是早在假期前就勸喻家長暫時不要到內地。「當時疫情仍然有很多未知之數，我既擔憂幼兒的健康，又怕引起家長恐慌，處於兩難狀態。」

正正因為親身經歷過，陳校長更加為疫情感到焦急。「這次我比SARS時更惶恐，學校最初連一個口罩都買不到，真的沒有。」當時幼稚園原有的口罩存量，只能維持一至兩周的使用量，而口罩供應商遲遲未能確定能否供貨，陳校長感到非常焦慮。雖然假期期間她按原定計劃到台灣旅行，但心裡沒有一秒不記掛著香港、記掛著學校、記掛著幼兒。

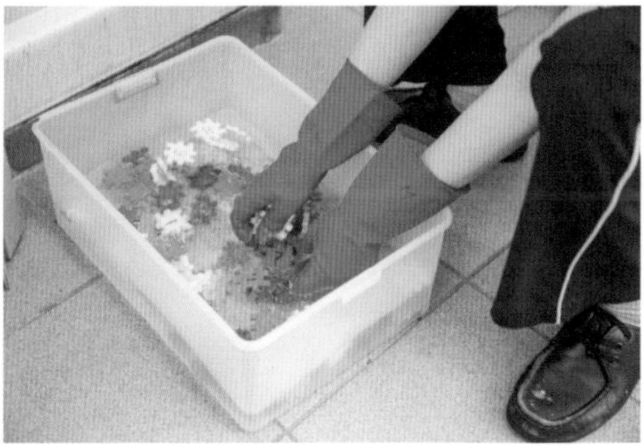

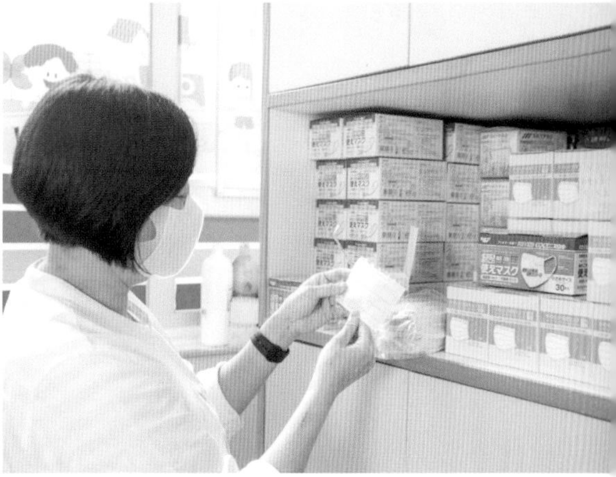

「我第一次去旅行覺得自己不是在旅行，而是辦貨，必須帶大量物資回來。」「旅行」數天跑了數十間藥房，卻期望落空，連一盒口罩都買不到。自那時起她就沒有放鬆過，默默部署之後的應對方案。

教育局首先公布延長農曆新年假期，後來宣布停課至二月十六日。「最初只是停課兩星期。我們必須到處搜清潔用品和漂白水，安排員工到附近超市排隊，真的。」當時防疫物資短缺的程度毋庸置疑，香港市面開始出現搶購潮，幼稚園原用的供應商突然全部停止接收訂單，全校上下都大為緊張。倘若未能徹底清潔校園和準備足夠的口罩，試問如何復課呢？

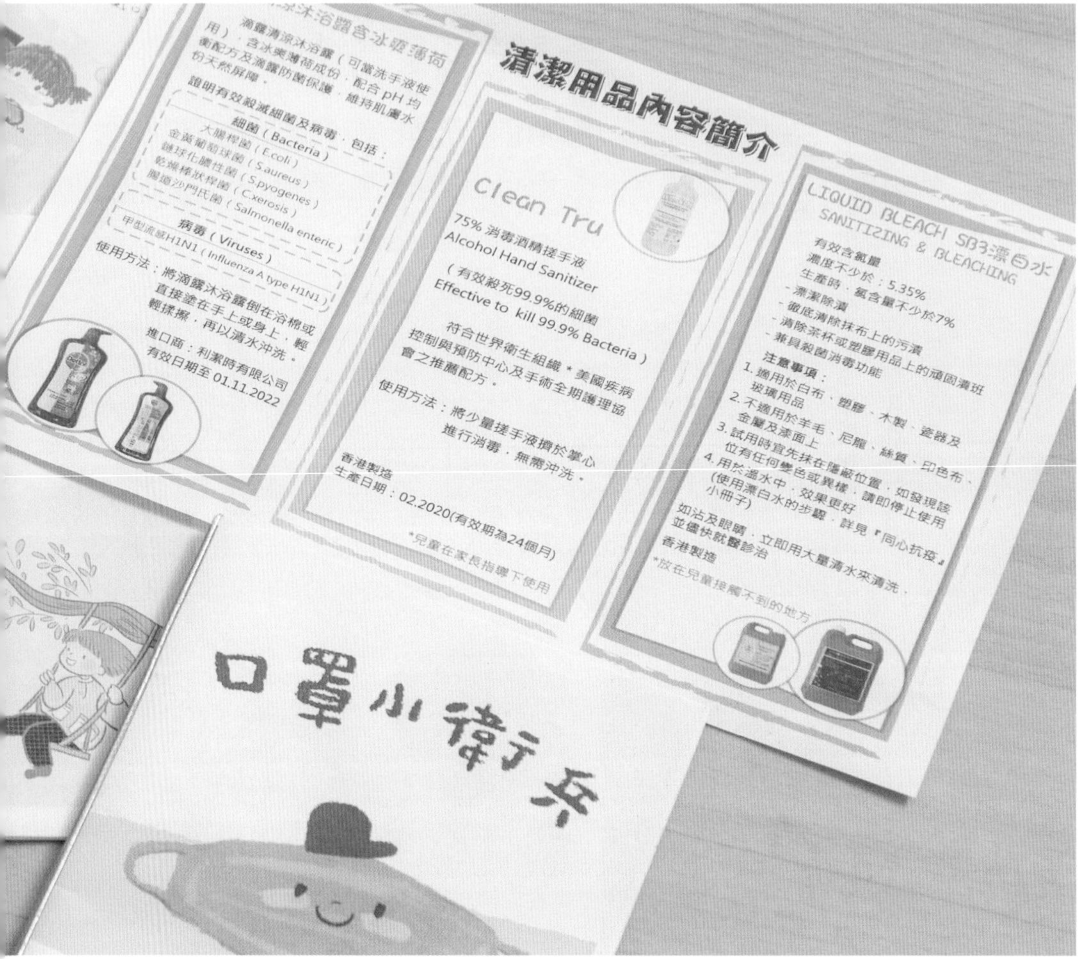

從幼兒角度了解不安

面對突如其來的轉變，校長也會感到焦慮，更何況是幼兒？

公園和遊樂場關閉，對活潑好動的孩子來說甚為痛苦；以往父母下班回家會立刻擁抱孩子，疫情下卻要先洗手、更換衣物和進行消毒，「這些微小的轉變都會令幼兒感到疑惑和不知所措。」陳校長解釋，小朋友不懂得應對世紀疫症，有些甚至對死亡產生恐懼，令他們難以拿捏社交和安全距離的界線，「如果沒有妥善處理幼兒的不安情緒，後果可以很嚴重，長遠影響他們復課後的社交能力和身心發展。」

小朋友表達不安的方法不外乎發脾氣、哭鬧等，不少家長都為此感到身心疲累。「家長叫幼兒不要驚、不要怕，小朋友反而更驚。」因此，校方努力支援家長，首要是從幼兒

的角度出發，讓孩子理解當下的疫情狀況。在短短的時間內，陳校長和老師們合力製作了《停課了》繪本，透過圖畫說故事，減低孩子對疫情的恐懼，代入幼兒的角度，帶出他們對停課的疑惑、認識傳染病爆發與自己的關係，提醒幼兒在家裡要有自控能力，以及必須做好防疫措施等。

「在疫情中不單要學習個人衛生，更重要是讓幼兒感受到人與人之間的心靈溝通和關愛。」繪本特意附設導讀部分，教導家長如何與孩子分享自己的感受和心情：愛自己，推展到愛別人——當人人都知道病毒的嚴重性，大家都減少外出，才能有效減低與人群接觸造成交叉感染的風險。

不隨波逐流 堅拒網上教學

停課期間，網上教學成為坊間最折衷、最普遍的教學模式。尤其很多私營幼稚園，應家長的要求請老師拍攝影片教學，追回落後的教學進度。不過，陳校長堅決不順應潮流，因為對六歲以下的幼兒來說，長時間注視電子產品熒幕會降低專注力，長遠帶來禍害。「我們素來都教導家長盡量避免孩子接觸電子產品，例如智能手機、電視和平板電腦，如果因為方便遙距教學而讓幼兒觀看熒幕，豈不是自打嘴巴？」

因此，她回歸最自然的學習模式，以郵寄的方式與幼兒通信和維持教學。書信能慰藉心靈，父母讀信，幼兒邊聽邊理解。老師寫給每位學生的信內容都不一樣，而且滿載鼓勵說話，幼兒則請父母幫忙寫字回信，或繪畫表達自己收到信的心情。這種溝通模式成效顯著，一方面可以提升幼兒的語文能力，另一方面幼兒盼望收到老師的信並當作禮物般收藏，在疫情下可感受到人與人之間的關懷。至於日常學習，校長摒棄視像教學，只讓老師錄下聲音說故事和唱歌。幼兒在家中閱讀實體繪本，一邊揭書一邊聽老師講解內容，以及看著英文歌詞集，重複聽著老師唱，自己也能哼起兒歌來。校方亦為每位幼兒送上體能活動冊和一張小地蓆，讓他們在家裡也能進行大肌肉活動、跳舞和運動。

新聞報導的確診和死亡數字每天上升，容易令人意志消沉。在逆境中保持期盼的心境非常重要，校方特意在復活節期間為每名幼兒送上一個小盆栽，寄語「重生、成長」。學校的用心，家長亦能感受得到。不少家長回信分享幼兒在停課期間的生活點滴、如何使用學校提供的教材在家學習等，都令校長非常鼓舞。

而陳校長的堅持，最終得到了肯定——教育局在四月就電子學習發出了指引：參考衞生署的建議，應避免讓二至六歲幼兒長時間使用電子熒幕產品。因此，原則上實時網上授課形式的電子學習不適用於幼稚園。

ppy Easter

扭轉教育「外判」心態

停課最令一些家長叫苦的，是需要無時無刻陪伴幼兒；亦有人認為，孩子在家學習，豈不是由家長兼顧老師的責任？陳校長並不認同：「六歲以下的小朋友能夠自然學習和發展，我們的角色是以專業的方式刺激幼兒自學。家長不能把孩子的成長只托付在學校，必須扭轉這種『外判』的心態。」其實家長也是孩子的教育者，反而在疫情期間，家長有更多時間觀察幼兒，更能清楚了解孩子的學習進度。

自停課起，香港學生普遍習慣晚睡，作息失去規律，生活變得顛倒。有見及此，陳校長在三月推出了「生活時間表」，讓家長和幼兒一起填上各自的日程。「我們請家長分清楚各人獨處、自由活動及留白的時間，讓幼兒安頓自己玩樂、聽音樂、閱讀、做體能活動的時間，學習獨處，即使同在家裡也不會時刻嚷著要父母陪伴。」校長深信，小朋友在停課期間所學習的，比日常上學更多，因為除了維持基本的常規課程，他們在疫情中學習到的自理和自控能力更是無價。

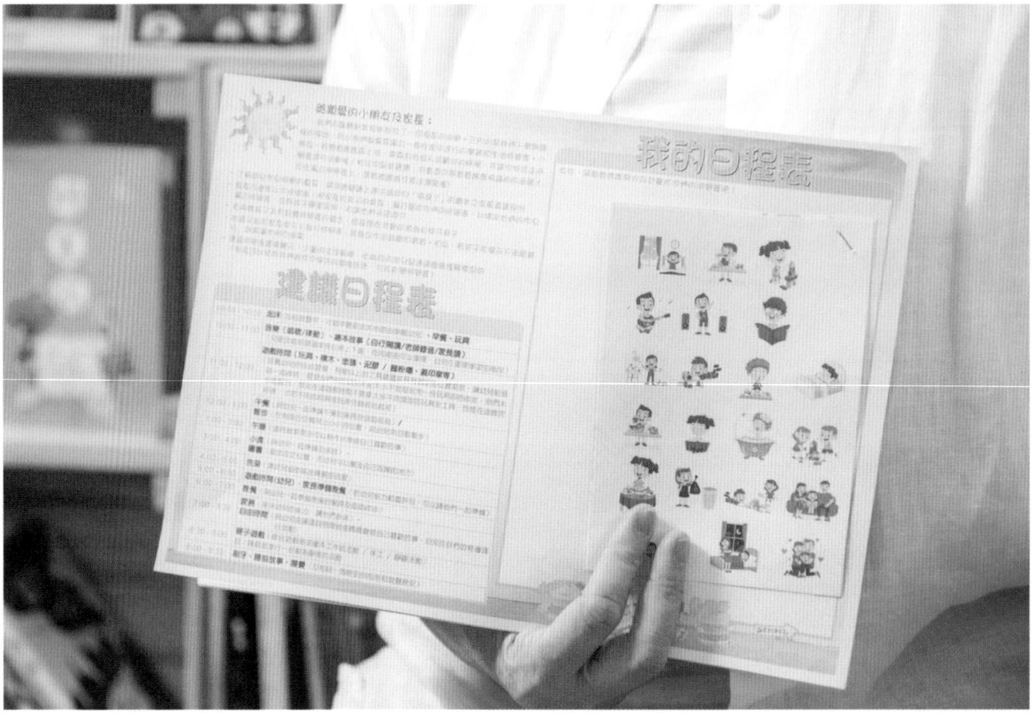

憂停課引發退學潮
互相扶持 瞥見出路曙光

孩子可以不看熒幕，但大人工作就無可避免了。

學校應政府的呼籲，實行在家工作。然而，面對嶄新的模式，作為一校之長也遇到幾近崩潰的時刻。「我發現自己很需要面對面溝通，看到對方的反應。當見不到面時我就感到很不實在，容易焦慮。」教學團隊首次嘗試在家工作的模式，最初也是摸石過河，在短時間內學習並適應網上交接工作，以及翻來覆去的電子聯絡。

「面對疫情我感受到很大衝擊，需要管理的人和事很多，愈想愈複雜，但還未看到出路。」後來，她們做了一個工作進度表，同事們完成工作後必定會在通訊群組裡說一聲；停課期間同事們需要輪流回校當值，交接工作的過程也愈來愈順暢。同事之間有著共同的理念、互相配合和扶持，就能瞥見出路的曙光，更能建立團隊信任。

一向剛強的陳校長，這時眼泛淚光：「其實這段日子擔心學校財政和學生退學問題，才是最崩潰。」本港現行的教育制度下，幼兒教育並不屬於義務教育，不少家長因應停課而安排子女退學。有私立幼稚園在疫情期間結業，有些老師需要放無薪假期，很多非牟利幼稚園亦出現經營困難，令幼兒教育界人心惶惶。「每間幼稚園對是否退回學費、退多少的方案和教學模式也是五花百門，各校之間有競爭，甚至變得市場化。整個疫情期間的工作都是靠我們自行摸索。」

雖然疫情期間的校園缺少了幼兒的歡笑聲，添了一份冷清，但陳校長堅信，回歸自然的教育模式，藉著書信來往，更有效維持師生情誼和傳遞關懷。幼稚園面對全面復課要解決不少難題，包括睡覺床位的分隔處理、午飯和茶點的位置安排等，學校團隊一直謹守崗位，以專業互助，保障學生的身心健康和長遠發展，於未來再度迎來孩子的笑臉。

6 / 第六章

這個病減低你的運動能力、不讓你做事，但是不是要這樣浪費時間？我就是要把握這段時間做有意義的事。

—

運動員　李振豪

沉著氣擊退病毒
奧運夢未圓待續

李振豪

香港空手道精英運動員／自由組手（搏擊）六十公斤以下香港代表／一七二號確診病人／新冠肺炎康復者

曾兩度征戰亞運、贏得東亞空手道錦標賽金牌，代表香港爭取奧運資格。二零二零年三月中由法國集訓返港後確診新冠肺炎，成本港首位確診運動員，同團隊友及教練其後陸續確診。抗疫期間，李振豪每日於隔離病房來回跑、做掌上壓等運動保持肌肉強度，又拍片分享住院點滴、呼籲市民留在家中。因病毒檢測結果反覆，住院長達五十一日，終戰勝病毒，康復出院。

二零二零年初春，空手道港隊代表李振豪迎來了一場重大「賽事」——不是奧運外圍賽，而是從新型肺炎中康復過來。在隔離病房留醫，李振豪對空手道念茲在茲，連日在病房運動、練體能，不讓自己離空手道太遠；康復後醫生告知他肺功能下跌百分之二十，他計劃用一年時間訓練，務求把體能追回來、甚至突破。「好像愚公移山，我相信信念可以改變一切，不止在抗疫上，這是我一直以來的想法。」李振豪以手指點一點太陽穴，眸子裡藏著一份堅定與熱誠。

訪問這天是李振豪復操的第二天。「昨日第一次完整練完一課，練到想嘔，平時這種強度不應該會想嘔。」大病初癒，體能未如從前，李振豪卻一臉平和，瞇眼笑著：「不過這樣也好，起碼做回我應該做的事。」

運動生涯近九年
未現奧運先遇疫症

八歲那年，李振豪因著爸爸一句：「超人迪加都是打空手道。」便隨他去學空手道。中學時一度放棄，後來為了入大學，又重新開始練習。「很記得二零一零年全國賽，我奪得金牌，媽媽叫得好大聲，話我叻仔，以前除了被她罵，從未見過她這麼激動。」當時李振豪心裡也震撼，驚覺原來運動可以令家人為自己感到驕傲。本來追求的大學「offer」雖然到手，李振豪卻選擇放棄，於二零一一年底正式成為全職運動員。

二零二零是奧運年。李振豪的運動員生涯將踏入第九年，空手道終於納入奧運項目。他早在兩年前備戰、在不同比賽累積分數，爭取出戰奧運資格，「奧運是所有運動員的夢想。初初做運動員的目標是打亞運，到後來宣布空手道成為奧運項目，我會說是最好的時間，有這樣的機會就會想好好把握。」如果沒有疫症，二零二零初春，李振豪將在奧運外圍賽亮相，但現實卻在關鍵時刻開了岔。

赴法集訓避疫 返港成確診病例

香港於二零二零年一月底出現首宗新冠肺炎初步確診輸入個案，二月初再現本地個案及「邊爐家族」群組爆發，正值港隊衝奧前最後訓練階段，「那段時間心理壓力非常大，又要戴著口罩訓練，其實效果不好。」空手道港隊於二月中到法國集訓，計劃逗留至五月出戰奧運外圍賽，「出發時心情好興奮！因為當時香港疫情很嚴重，想著到外地可以集中點，而且全歐洲最出名、高水平的選手都在那裡。」當時，李振豪的目光仍聚焦在奧運，直至三月中，疫情如巨浪覆蓋全球，外圍賽紛紛延期，港隊急急返港，李振豪與疫症的轇轕在此展開，奧委會其後宣布東京奧運延期一年。

乾咳、頭痛、喉嚨發炎，返港後陸續出現病徵，李振豪沒想過這是新冠肺炎，只循例到醫院做病毒檢測。那日他連背包也沒帶，只拿著一袋藥，走到大埔那打素醫院，碰到同樣接受病毒檢測的另一位運動員。在負壓病房等候五小時仍然未有結果，李振豪向那位運動員傳訊息，才知道他的檢測結果呈陰性，已經離開醫院。李振豪開始慌張，「我問護士，他才告訴我初步確診。」在初步確診至正式確診之間，李振豪用僅餘數格電的手機，通知同在法國集訓的隊友、聯絡未婚妻，「本身不打算通知家人，怎料新聞已經在報導『李姓運動員初步確診』……」

抽離負面情緒 豁達應對

「知道確診時好失望，不是說我一定入到奧運，但辛苦了兩年，不停起伏、有傷患都繼續，就是想靠近夢想，去外國訓練也是為了奧運外圍賽，更重要是避疫，最後卻中了……」李振豪說著臉色一沉。打後數天，同赴法國集訓的隊友曾綺婷、周家謙和兩位教練也陸續確診，「當你是第一個，就會有那種壓力和內疚，先是好擔心隊友，體院又很多變動，連兩位曾經來拍門問是否需要清潔的姐姐都要去隔離營。」確診後訊息量太大，也有太多事情要處理；在內疚與失望之中糾結抑或抽離，其實也只是一念之間，李振豪選了後者，情緒就這樣調整過來。

入院時只有輕微病徵，醫生為李振豪注射干擾素，翌日他便開始發燒、肚瀉，病徵逐漸湧現：「頭痛，好痛，痛到行不到直線，同時又肚屙，要上廁所，差點暈倒。」成長以來，李振豪從未試過大病，這是首次，也是最嚴重的一次。入院第三天，醫生為李振豪注射第二次干擾素，後來對他說：「恭喜你呀，個肺清返啦。」李振豪一頭霧水，明明記得入院初期醫生說他肺部沒有花。不過他沒有過分擔憂，只以笑容豁達應對，「好在好返，清返就可以啦！」五天後，體力逐漸恢復，但距離康復尚有一段路要走。醫生持續為李振豪進行病毒檢測，結果「時陰時陽」、反反覆覆。至第四十八天，李振豪的糞便樣本由陰轉陽，代表體內尚有病毒。即使病徵早早消退，李振豪也只能沉著氣繼續等待。

以平和心境抗疫
把握時間做有意義的事

在隔離病房的日子，李振豪大多時間都是自己一人，聽著冷氣和風扇轉動、儀器的「嘟嘟」聲，「還有護士把聲，就只得這三種聲音。」即使後來轉到二線病房，同房病友也逐一出院，「到最後又剩下我一人。」李振豪沒好氣地笑著說。那麼會覺得孤獨嗎？「絕對孤獨。」李振豪不假思索地回答，之後又補充：「但可能運動員習慣打比賽，不是說勝利或康復是自己的功勞，只是凡事到最後都是要自己一個面對，而自己一個如何面對，才是關鍵。」在孤獨之中，李振豪面對疫症的方法是保持運動、做靜觀練習，偶爾看書、看比賽錄影，「這個病減低你的運動能力、不讓你做事，但是不是要這樣浪費時間？我就是要把握這段時間做有意義的事。」在病房做掌上壓、來回跑，轉身二千次，李振豪這樣保持肌肉強度，把自己與空手道和昔日健健康康的港隊代表李振豪拉近一點。

看著隊友陸續康復出院，自己卻仍然留醫，李振豪沒有半點躁動，「康復進度不能比較，也無法比較，他們出院我也很替他們高興，我很明白在這裡一天也嫌多。」抗疫期間，李振豪一直保持心境平和，唯一一次令他陷入嬲怒之中的，是對康復的期望落空。那星期護士對他說：「你應該差不多可以走了。」李振豪也感覺自己快將康復出院。第二十一個早上，醫生拿著報告走入病房，好像要宣布甚麼似的，最後卻吐出一句：「仍有病毒」，「我馬上大叫：『點解呀？』然後狂做運動發洩。」李振豪事後也氣自己，「嬲自己為何做不好，身體已輸了一次，連心理也輸了。」那次「發脾氣」後，李振豪把住院生活調整得更規律，每日做靜觀練習，與自己對話、觀察自己的情緒，嘗試消化、接受，「我不會好型地說我很正面、很樂觀去抗疫，因為情況真的不樂觀，但我會接受它，所有恐懼都未發生，那就集中於這一刻，之後的事之後再想。」

賽場外獲鼓勵 肩負社會責任

在病房裡，李振豪與自己進行了一場又一場對話。他記下所思所感上載到Facebook專頁，意外為一些確診者親友帶來慰藉、為他們無處排解的情緒帶來出口。「我收到很多網友私訊，說多謝我為他們帶來正能量，其實我也不知道自己做了甚麼。」後來李振豪應網友提議，拍片呼籲居市民「stay home」，醫護看了影片，也特意通過隔離病房那兩扇厚重的門，走入病房向他道謝，「我真的不知道自己做了甚麼，他們對我說謝謝。」李振豪一臉認真地把說話重覆一遍。這樣的迴響與反應，出乎他意料之外，至今也難以忘懷。

由雪白的道袍換成格子病人服，李振豪一直記掛著運動員身分。有時醫護為他打氣，除了「加油」外，也送上一句「你對香港人來說好重要」，令他精神抖擻。「亞運會時會聽到這些說話，但沒想過在比賽場地以外都聽到，好驚喜，我想做運動員的意義不止是奪獎牌，還有一份社會責任。」

在賽場以外的地方「充滿電」，卻因仍帶病在身，而與道袍、塌塌米暫別，李振豪只能在腦內想念著在賽場上與對手你一拳、我一腳，那種實在、活生生的感覺，「身邊的人常常笑我做事很慢，只有穿起道袍時我才是百分百。」一談起空手道，李振豪眼裡就有光，雙手不時握成拳頭，朝空氣揮動幾拳，雀躍與熱誠穿透口罩，展現於人前，「空手道是我生命的一部分。」當興趣成了職業，自然添了責任與包袱，但李振豪對待空手道的態度與熱情仍然如初。堅韌、專注、追求完美，這些是李振豪從空手道中學到的精神，抗疫期間，通通適用，「開頭也沒想過會這麼有用，可以轉化到人生當中，現在回想，我也會說好在自己是運動員。」

肺功能下跌
無礙超越自我

五月六日黃昏，李振豪終於脫離近兩個月「望著窗外、困在冷氣房內」的住院歲月。馬路聲、車聲、鳥聲……城市的背景音樂，在李振豪耳內頓時變得具體清晰。走在路上，拿著行李，即使孤身一人，心裡卻樂滋滋，全因終於重拾生命溫度。

回體院訓練前，李振豪再做了一次身體檢查，醫生告訴他肺功能下跌百分之二十，「其實自己都感受到，跑步會比以前喘。」留院期間，李振豪也閃過康復後體能或者回不去高水平、可能打不到空手道的想法，但他把話說得很輕，匆匆帶過，緊接著一句：「現時就是追回那百分之二十，我甚至想突破！」說著，他又露出一個燦爛笑容，「可能因為我好勝啦，我相信自己可以。」李振豪投出一個堅定的眼神。大抵運動員總有點倔強的因子，才能驅使他們一次又一次超越極限、戰勝不可能。

染疫成人生挑戰
有失必有得

專注於訓練和比賽是李振豪的日常，一場疫症，令他「偏離正軌」，「這個病是真正的人生挑戰。」昔日，李振豪的人生低潮都是圍繞比賽，只有這次大病與賽事、空手道完全無關。有趣的是，這場病卻改變了李振豪對待空手道的心態。「以前找我訪問，我一定會說我要贏，因為我好勝、強悍，但現在，不是說勝利不重要，但我會享受這個時刻、享受打空手道更多。」大病或會帶走人生命中一些重要的事，李振豪經歷過後，心態放得更鬆，這樣才能把空手道抓得更緊。

問李振豪住院期間最想念甚麼，他首先回答：「與家人相處的時間，這兩年忙著備戰奧運，實在太忙了，加上我要減磅，他們又不能找我吃飯。」喜歡戶外的他，也想念沙灘和大自然，然後他再次提起練習，「做返我應該做的事。」也許在市民眼中，近月「李振豪」這個名字只與新冠肺炎掛勾，但對李振豪而言，這只是他運動員生涯的「番外篇」，隨著康復出院、復操，「番外篇」也是時候劃上句號。

拍照時，李振豪穿起道袍，看得見他的黑色腰帶兩側泛了白，「已經是第三條來的，練得多、束得多就會磨到白了。」但腰帶表面以金色線繡上的「中國香港」、「李振豪」仍然亮眼。運動員窮一生追求一個奧運舞台，二零二四年巴黎奧運卻已將空手道除名，對空手道運動員而言，東京奧運可能是唯一的表現機會；李振豪明明已經如此接近，卻被疫症無情拉開。李振豪亦沒想太多，只想把握這一年時間，帶著抗疫後的新身體、新感悟，把眼光對著奧運，重新對焦。

7 / 第七章

希望小朋友不要以為自己年紀小，就甚麼都做不到。創作繪本是為了加深他們對疫症的認識，才能成功抗疫，希望他們明白每人都可以出一分力。

—

插畫家　李揚立之

畫筆治童心
小孩的抗疫夥伴

李揚立之

插畫家／
骨科專科醫生

現職骨科專科醫生，亦是插畫家，設有Facebook插畫專頁「Dumo」。於二零二零年繪製《抗疫小夥伴》繪本，希望透過圖畫提高小朋友的衛生意識，增加他們對新冠肺炎的認識，減低對疫情的恐懼。繪本最後被譯作多國語言，造福不同國界的孩子和家長。

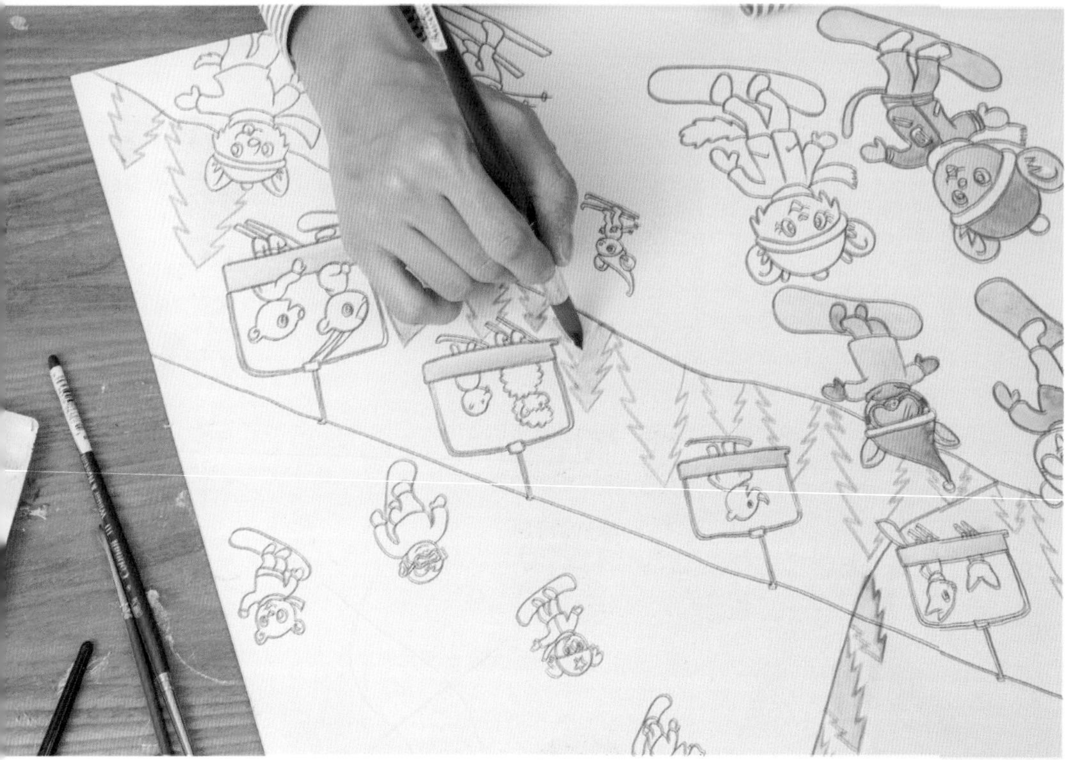

自新冠肺炎疫情在港肆虐，恐懼就進駐大部分人的內心。成人為撲口罩而憂心、苦惱在家工作的安排、年老父母的安危……忙這忙那，或忽略了其實孩子也受著疫情的影響，感受到不安、疑惑和孤單。打開電視或閱讀新聞，都是專家的說辭、艱澀的醫學用語，卻鮮見給孩子的疫情解讀。成年人和小朋友，其實都受疫情所影響。但成人很輕易就能找到資料，小朋友卻對疫情有很多的不明白。有見及此，骨科專科醫生兼插畫家李揚立之（Lucci）忽發奇想：「不如用我的畫創作吸引小朋友眼球的抗疫資訊吧！我懂得畫畫，這是我能夠做到的事。」

她用三天的時間，用畫筆為獵豹、獅子、長頸鹿戴上口罩，用顏色為這段灰暗的疫下景色塗上色彩，終畫成了在家長、學校間瘋傳的繪本《抗疫小夥伴》。繪本後來被翻譯成多國語言，不只中、英文，還陸續有供家傭閱覽的印尼文、菲律賓文，甚至有義工翻譯成泰文、柬埔寨文、緬甸文、日文、韓文、西班牙文、法文……可謂風靡了全球。

雖然Lucci大感驚喜，成果亦出人意表，但其實她的想法相當直接：「其實沒有想太多，純粹是做一些自己認為正確的事情吧。」事實上，每隔數十年就會有一次疫情爆發，這已是人類世界必須面對的難題。如此，幫助孩子學會冷靜、理性面對，成為了這代孩子的成長必修課。

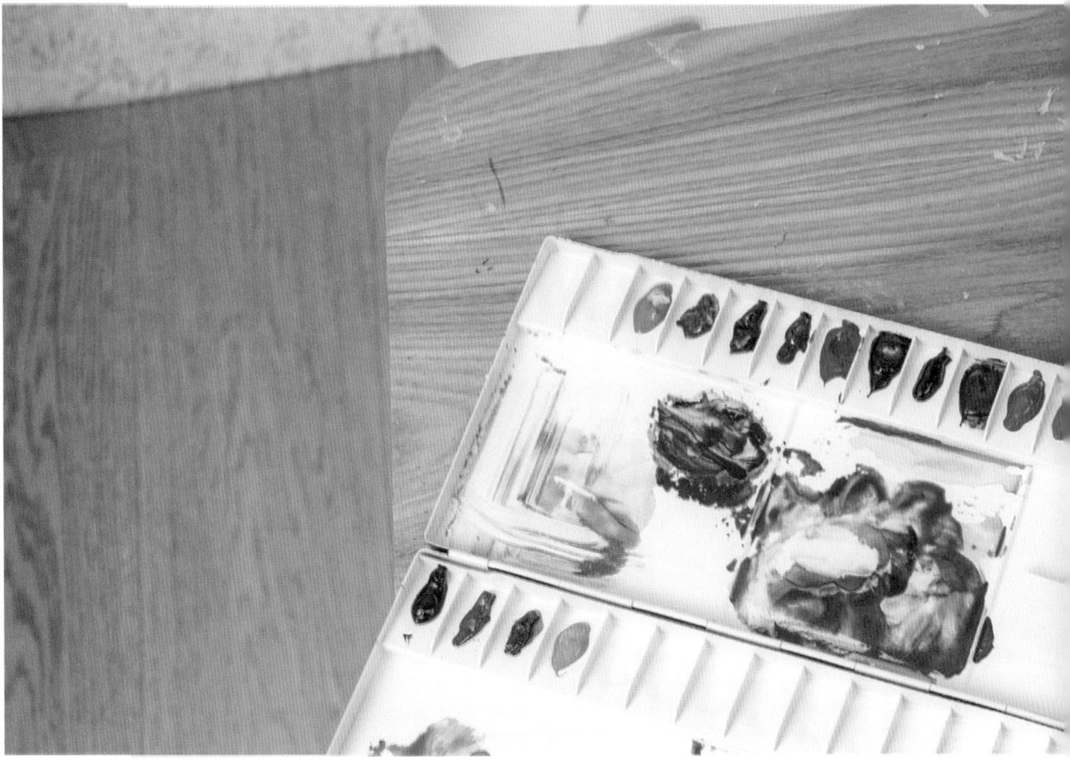

孩子的動物夥伴

學校停課多月，孩子們被迫留在家中，無法與同學相見。而當父母要上班，尤其是幼童，還未懂得透過網絡與朋友互動，終日待在家裡卻缺乏社交對象；加上對疫情的不解，又感受到成人的憂慮，不安感或頓然產生。

讓孩子感覺到有同行的夥伴，應能夠安撫疫情帶來的不安吧——相信這是《抗疫小夥伴》受歡迎的其中一個關鍵。從封面看，八隻可愛的卡通動物一起戴上口罩、穿上醫生袍；即使它主要傳遞嚴肅的疫情資訊，但喜愛動物的小朋友們都無法抗拒，Lucci笑說：「很多媽媽對我說，小朋友看到這班動物醫生戴口罩很乖，本來不肯戴口罩，都變成願意戴口罩。」

這一班具親切感的可愛動物醫生，在疫情間成為了孩子的朋友，不只吸引孩子注意，提高了孩子的衛生意識，同時令他們感受到，即使面對「疫」境，並不是孤軍作戰，還有很多動物朋友和自己一起奮鬥，藉此減少他們的恐懼和孤獨感。比起一般市面所見滿是文字的疫情小冊子，Lucci的插畫針對孩子的需要和喜好，讓幼童能模仿角色示範的動作，例如洗手、戴口罩，做好自身防疫。

以自身經歷創作具親和力的角色

不少孩子的確喜愛動物，對動物有一份親切感，而動物與孩子著實有相似的地方：他們都未必懂得直接表達自己，需要透過意會或是用身體動作溝通。像這班「動物醫生」中，有一隻叫Dumo的黃色獵豹，牠有一雙明眸、一對大耳朵，得意外表背後原來是一個發人深省的故事。

在進入大學醫學院的前一年，Lucci去了世界不同角落遊歷。她曾於非洲納米比亞的一所動物保育機構做義工，旅途中遇上了獵豹Duma。「牠當時十個月大，在動物拯救中心主要由我負責照顧，工作包括餵食、帶牠外出散步……我和牠慢慢產生了感情。」兩個月相處下來，Lucci總記得牠在樹蔭下乘涼的悠閒模樣、有時懶得去散步的慵懶，還有會靜靜像貓咪一樣陪伴人類的溫柔。Duma同時教懂Lucci要愛惜大自然，關心與人類共享這地球的萬物。

回港後，Lucci就以Duma為原型創作出「Dumo」，並開展了專屬於牠的Facebook專頁，既是為抒發思念之情，也藉此宣揚愛護動物和保護環境的訊息。Dumo是Lucci開展插畫路的契機，而一直累積下來的知名度，也為日後創作《抗疫小夥伴》的大受歡迎奠定基礎。

用畫筆開啟可能性

Lucci現職公立醫院兒童骨科專科醫生，「整容科主要是針對面部，而骨科其實是幫四肢和脊椎整容的醫生。」替具有先天障礙的人回復正常體能、將連在一起的手指重塑分離等——這是一份透過治療骨病，讓人重獲自信、重新過正常生活的工作。但肉體的缺憾，從來不只影響生活，對心理的影響亦不容忽視。

行醫期間，Lucci遇上過因手術後兩隻腳打了石膏而無法行走的孩子，或是先天失去單臂的小朋友。通過與孩子們的相處，她開始想像肢體上的障礙或不便，如何帶來無力感。為了幫孩子打氣，Lucci的法寶就是畫筆。她問那位雙腳打了石膏的孩子：「如果你明天可以落地、重新走路，你會想穿甚麼顏色的鞋子？」孩子說喜愛湖水綠，她就在石膏上畫了一對漂亮綠色的鞋子，逗得他笑逐顏開。繪畫能夠在孩子無力控制的現實裡，啟發其想像，讓他們知道，面對困境並不只一種反應，還存在多種可能性。

然而Lucci發現繪畫能做到的不只於此。「那位天生失去前臂的小朋友，入院是為了希望安裝義肢、恢復能力，但他始終很不開心，總覺得：『其他小朋友都有兩隻手，為甚麼自己會沒有呢？』」於是Lucci陪他聊天，鼓勵他用單手畫畫，甚至跟他一起畫。當孩子開始感受到繪畫的樂趣，並堅持即使只有單手仍要畫下去時，她遂發現：「每個小朋友都有潛能，只要啟發他們去發揮，就能做到超乎想像的事。」

圖畫能突破語言障礙，是傳遞感情、想法和想像的媒介。於是Lucci領悟到，畫畫能給予孩子力量：「做醫生能夠醫治一個人的身體，但畫畫可以醫治一個人的心靈。」Lucci心懷這份初衷繼續用畫筆創作，促使《抗疫小夥伴》的誕生。

相信孩子的能力

Lucci觀察到孩子在疫情下感受到的不安、疑惑，其實源於「不明白」的無力感：「他們看完這繪本，就會知道發生甚麼事，不會再那麼害怕了。」《抗疫小夥伴》雖然只有短短二十頁，但是內容豐富，從有關新型冠狀病毒的基本知識、常見病徵，以致提升免疫力的方法到洗手七部曲，都一一包括其中。Lucci的確在選材上下了功夫，她以平日和孩子互動的經驗為基礎，將他們能明白了解，以及能力範圍內做到的事，以插畫形式呈現在繪本之中。例如有關新型冠狀病毒的資訊，獅子Dr. Kili簡潔交代了首次發現病毒的地方、傳播途徑、潛伏期和治療方法等關鍵資訊；而「家居注意事項」部分，則由長頸鹿Dr.Zafari示範一些孩子都能做到的事，如歸家後要脫鞋和洗手、沖廁時蓋廁板等。

這一切內容，都經過Lucci用心編輯和篩選。「希望小朋友不要以為自己年紀小，就甚麼都做不到。創作繪本是為了加深他們對疫症的認識，才能成功抗疫，希望他們明白每人都可以出一分力。」通過了解更多，恐懼和無力感就會慢慢消退，孩子便能更理性地了解現時的疫情，用平常心冷靜面對。

TOOL
TOOL

分享正確資訊 讓孩子成為抗疫小勇士

為了助孩子成為抗疫小勇士，確保資訊正確也是Lucci關心的事。「孩子們會否因疫情感到恐懼，很視乎大人如何告訴他們。」在疫症爆發初期，很多人對這種病毒缺乏認識，遂抱著「寧可信其有，不可信其無」的心理，將未經証實的資訊轉發，其實簡接幫助假消息的傳播。Lucci非常重視繪本所載資訊的準確性，「繪本的資料諮詢過很多專科醫生，因為我不是這個專科出身，所以我當自己與普通人沒有分別。希望小朋友收到最正確的資訊，嘗試理解到底發生甚麼事。」繪本內容看似簡單，但每頁的每一個字、每一張看似輕巧的說明圖，都是非常嚴謹的製作。而對所撰的內容認真校對、反覆審閱的態度，亦顯示了Lucci的想法：孩子值得擁有接收準確資訊的需要和權利。

因為有這樣的信念，Lucci在繪本上花盡心思。例如「洗手七部曲」，由於Dumo一眾「元祖級」角色沒有像人類般的手指，Lucci爲此創作了一個新角色：黑猩猩Congo，示範如何將手的指尖、指甲、指隙、手掌、手背到手腕都清洗乾淨。一系列精心繪製的插畫，只為讓孩子知道：透過洗手，我們能對抗病毒的入侵。

面對逆境 盡力而為

「有家長告訴我，有小朋友把這繪本當成書，每晚要媽媽跟他說一遍這抗疫故事，才肯睡覺。」知道自己的畫能安撫孩子，Lucci著實高興，「反應很開心，因為畫畫就是希望讓人看到自己的畫。希望小朋友看到我的畫會有正面效果，這樣我覺得已經達成心願。」Lucci一直喜歡畫畫，那是她自小的興趣，是她工餘時間的紓壓活動。在發展自己的興趣同時，還能幫到別人，Lucci已很滿足。

「在盡量能付出的時候就付出。」這是她一直以來的座右銘。面對逆境之時，會有很多困難和限制；但她相信，如果每個人都能理性、冷靜面對難題，在自己的崗位和專業上做好本分，盡力為世界、為他人帶來正面影響——當能集合眾人的力量，世界也許就會變得不一樣。

8 / 第八章

少數族裔總是給人一種需要協助的感覺，不如我們都嘗試做點事幫助社會，不要常常將自己弱者化。

—

印度裔社工　Jeffrey Andrews

打破膚色界限
編織互助網絡

Jeffrey Andrews

印度裔社工

「All for Hong Kong」創辦人

於香港土生土長，為本地首位少數族裔社工，創辦「All for Hong Kong」群組；二零一九年獲選十大傑出青年。疫情期間到社區派發口罩、為少數族裔翻譯衛生署疫情記者會，並組織有心人送免費飯盒到火炭駿洋邨檢疫中心予正隔離的巴裔港人。

各行業因應疫情停擺之際，印度裔社工、「All For Hong Kong」群組創辦人Jeffrey Andrews（Jeff）卻比平日更忙碌。他四處張羅防疫物資到屋邨派發、找來義工翻譯衛生署疫情記者會，為不諳中文的少數族裔提供最新疫情資訊。後來，他帶著三百個素菜飯盒走到火炭駿洋邨，派發給正接受隔離的巴裔穆斯林，更與職員建立了互信關係，每當隔離者遇到問題，職員也會向他請教。二十四小時馬不停蹄，Jeff自覺有份社會責任，「只要願意走出第一步，便能為社會帶來改變。」這是他的信念，也是他一直步履不停的原因。

「前陣子這裡堆滿一盒盒口罩，有人經過問我們賣不賣。」Jeff站在重慶大廈一樓一間售賣電子產品的商鋪外，一邊以手比劃，一邊笑著說。那家電子產品商鋪是「All For Hong Kong」另一位創辦人Khalid Khan (KK)的店，「疫情期間，這裡已變成我們「All For Hong Kong」的物資站。」

年少誤入歧途 獲社工「救贖」醒覺

帶著一張異域臉孔、一身啡皮膚，Jeff一開口，廣東話說得十分流利。他自我介紹說：「我是土生土長的香港人。」現年三十四歲的他，曾獲選十大傑出青年，現被視為「KOL」，說話有著一定影響力。但他回望自己的成長，一路走來經歷過歧視、被教育制度忽略，「我已習慣了見到警察就提前拿身份證出來……當年我們不能與華人一起讀書，就算讀IVE，也沒有供少數族裔讀的社工課程。」當種族共融未納入主流價值觀，膚色、文化和語言差異將Jeff從「本地人」中拉開，「我們只得四條路：做地盤、做看更、跟爸爸工作，或者做黑社會。」Jeff選擇了最後一條路，「做黑社會是因為我們做不到警察，那沒有語言界限，好輕易就做到。」

十八歲正值青春年少，Jeff卻因盜竊、打架被捕。凌晨四時在警署，Jeff撥了一通電話，聽筒另一端的是多年從事少數族裔工作的社工王惠芬(Fermi)。Fermi趕到警署為Jeff聯絡律師，辦理保釋手續，又找人寫求情信，最終Jeff毋須留案底，「那刻好像中了六合彩一樣。」那日起，Jeff醒覺自己不能繼續「沉淪」，他想為社會做點好事，便投入難民服務工作，開展為少數族裔平權之路。

自發組織群組
為社會「做多一點」

「我被一位社工拯救過，知道做社工的影響力在哪。」作為大眾眼中的「少數」，Jeff切身感受到香港的歧視問題，「我有身份證都會被人查，如果是難民呢？他們沒身份證，甚至『黑過我』。」從事難民服務期間，Jeff曾經帶難民到政府部門辦理手續，職員問Jeff：「你是不是註冊社工？不是就不能辦。」Jeff知道一直有本地社工協助少數族裔，但雙方終究還是存在文化差異，「為何不自己做？」帶著這個念頭，Jeff二十八歲那年終獲明愛徐誠斌學院（現改稱明愛專上學院）取錄，就讀為期四年的社工課程，那年是Jeff首次與華人一同上課，「小學至中學都要分開讀，對我來說這是一個很重大的時刻，覺得自己真正是一個香港人。」四年之後，取得資格、學成畢業，Jeff正式成為註冊社工。

Jeff反覆提著要「做多點」，他和搭檔KK建立群組「All For Hong Kong」，也是為了做多一點，「少數族裔總是給人一種需要協助的感覺，不如我們都嘗試做點事幫助社會，不要常常將自己弱者化。」「All For Hong Kong」群組雖小，卻很自由，Jeff和KK想到甚麼活動便去辦，從清潔海灘，到派發物資予露宿者，都是群組的服務範圍。活動期間，Jeff留意到社會上需要援助的一群，更能感受社會脈搏。

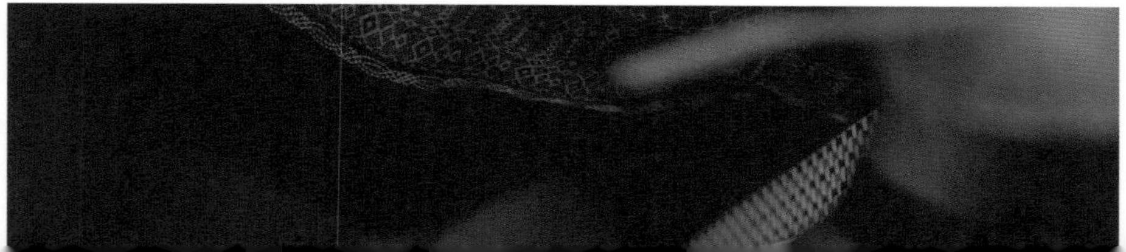

翻譯記者會直播
張羅物資派發

二零二零年，世紀疫症再臨，無人能置身事外。市民在臉上掛上口罩，外出時帶備酒精搓手液、與人保持社交距離，每日下午四時半準時接收疫情資訊，成了疫下日常。一些我們不用打開直播、只憑著手機新聞推送就能接收的資訊，對不諳中文的少數族裔而言，卻如另一個世界的事。「南華早報、香港電台……」Jeff豎起手指數著本地英文媒體，手掌未攤開已數完，「好有限，就算記者會都只得簡短英文總結。」Jeff知道All For Hong Kong是時候做點事，便找來義工每日下午坐在電腦前，一邊聽記者會，一邊翻譯成烏都語、尼泊爾語等，「年輕人好快手，一兩個小時就譯好。」

疫情高峰期，全港防疫物資短缺，一盒口罩索價數百元，街頭上處處都是排隊買口罩的人龍，卻鮮見少數族裔的身影。Jeff四處張羅防疫物資，與義工走到屯門和東涌屋邨派發，共有四百個少數族裔家庭受惠。上門派口罩期間，一位叔叔向Jeff反映家中有六位成員，無法負擔兩三百元一盒口罩，收到口罩後，滿心感激，「其實好多少數族裔都對香港正發生的事感到迷惘。」

重慶大厦
CHUNGKING MANSIONS
Time Hostel
CHUNG KING
EXPRESS
CHINA
VISA
詠春功夫
WING CHUN
KUNG FU
27232306
Alpha House 4/F
CHANGE

口罩文化存差異 拍片宣傳防疫

除了派發防疫物資，Jeff也花心思在宣傳防疫上。南亞文化習慣肢體接觸、透過面部表情表達情緒，因此大部分少數族裔都不習慣戴口罩，「我們常握手、齋戒月又會一起吃飯慶祝，保持社交距離變得很困難。」Jeff與義工們拍攝影片講解防疫措施，提醒他們口罩不可重用，又建議見面打招呼時以「揮腳」取代握手，影片在「All For Hong Kong」的WhatsApp群組內發布，有少數族裔接收資訊後，再自行拍片提醒大家洗手，對Jeff來說，也是一種鼓舞。

四月初，一名二十一歲尼泊爾籍男子確診，衛生署稱因程序出現問題、尼泊爾籍人士名字相似而誤將確診者的爸爸送院。「好過分！」Jeff至今仍不能接受署方解釋，「好在沒有人死，如果事件嚴重到有人死亡，那怎麼辦？還說香港是國際城市，仍會犯上這樣的錯。」重提事件，Jeff依然無奈。

素菜飯盒送隔離營 與職員建立互信

疫情走向瞬息萬變，大批滯留巴基斯坦港人五月初獲安排專機接載返港，抵港後須到火炭駿洋邨接受檢疫及十四天隔離，隔離營卻向信奉伊斯蘭教的巴裔港人派發火腿三文治、杯麵等含豬肉食品，侵犯伊斯蘭教規；五月正值伊斯蘭教齋戒月，教徒更注重飲食。「這是基本尊重問題！」即使身不在隔離營，Jeff仍感同身受。Jeff最傷心的是，即使屋企附近的清潔姐姐都知道他們不吃豬肉，政府卻犯上如此錯誤，「感覺我們只是二級公民。」

不滿現狀，Jeff設法改變。他走入重慶大廈找餐廳合作，為隔離營的巴裔港人提供飯盒，翌日Jeff便拖著三百個素菜飯盒和可蘭經走到駿洋邨，有巴裔青年亦自發夾錢買水果想送進營內。起初，隔離營職員不准他們送飯，經過一輪溝通、等候，終於成功將飯盒送入去。後來，Jeff每日帶物資到隔離營，告知職員少數族裔的需要、該如何對待可蘭經，與職員建立了互信關係。他們開設了一個隔離營WhatsApp群組，每當營內的巴裔港人遇到問題，職員也會在群組內向他請教。

KUNG FU
六福
LUKFOOK
RADO
金至尊
3DG jewellery
莎莎

信念得到印證 積極改變社會

齋戒三十日，穆斯林視最後一天為「新年」，Jeff送開齋飯到隔離營內，又在網上直播DJ打碟，二百八十人觀看、隨著音樂跳舞；隔離期橫跨母親節，Jeff又辦畫畫比賽，供營內的小孩參加。說著他打開手機，展示色彩繽紛的參賽作品；然後再點開一段影片，片中兩位少數族裔在雜物房內細細介紹每個角落，「這裡是營內的物資房，他們邀請我們入去拍片，向巴裔港人介紹。」Jeff笑著說，「This is amazing!」冒著感染風險走入營內，Jeff也有憂慮，但一想到隔離人士的需要，憂慮便隨之掃走。有隔離者向Jeff道謝：「謝謝你令這十四天變得輕鬆。」說話成了強心針，再次印證他正在做有意義的事。

行動前有沒有預想過會得出這樣的結果？Jeff搖頭：「所以做甚麼事都要先踏出第一步，只要願意走出第一步，便能為社會帶來改變。」他隨即補充：「我們知道我們正在做好事，大家互相幫助，跌低一定可以再起身！」

訪問短短一個多小時，Jeff的電話已響了兩遍，訪問後還趕著接見個案。疫情下Jeff四處奔走，太太見狀也忍不住揶揄：「你二十四小時都在工作，不用回家啦？」不論順境或「疫境」，Jeff的初心與熱誠，始終沒有變改，他一臉認真說：「我覺得我有一份社會責任。」

9 / 第九章

疫情下基層學生缺乏正規教學環境，心理狀態大受影響。一個好老師不只是懂得教書，而是要聆聽學生，了解需要、協助解難，從而啟發學生。

—

非牟利教育組織創辦人　陳君洋

教育新模式
多一分理解和想像

陳君洋
「良師香港」創辦人

Maisie
「良師香港」項目老師

Tomy
「良師香港」項目老師

「良師香港」(Teach For Hong Kong)是於二零一五年創立的非牟利教育組織，透過為期一年的項目老師計劃，安排優秀、具多元才能的大學畢業生到基層學校教學，並培育一群具同理心及熱情的未來領袖。新冠病毒疫情為社會帶來翻天覆地的改變，組織除了為停課在家的基層學生提供高質素的線上教育及相關資源配套，讓學生透過不同工作坊拓展視野外，同時聯同社企創立了一個關注學生精神健康的網上平台。

二零二零年疫症來襲，整個城市突然停擺，不論停工還是停課，市民最關心的是一切何時能回復如常。可是我們忽略了，疫症帶來的除了是面對病毒的恐慌、日常生計的擔憂，還有心理狀態的轉變。心理轉變因人而異，但絕不可以輕視。

把目光放到基層學生身上，校園關閉期間，他們在有限的資源下進行網上學習，身爲老師，或許可以為他們多做一步。「良師香港」創辦人陳君洋（Arnold）認爲，「一個好老師不只是懂得教書，或在學術上有很好的成就，而是要懂得聆聽學生、了解學生的需要、幫助學生解難，從而啟發學生。」疫情下基層學生缺乏正規學習環境，心理健康易受影響，「良師香港」發揮對教育的種種想像，在最壞的時候，用心為學生提供多方面的學習及情緒支援。

教育制度的病
生在疫情爆發之前

疫情來襲之前，教育制度已經不健康，Arnold感嘆，「雖然香港實行免費教育，人人有書讀，但就大學入學率來看，基層學生比一般學生的比率低四倍。」Arnold認為原因在於資源配套不公，很多數據顯示基層學生參與課外活動的機會比較少，基層學生缺乏開拓視野的機會，再加上求學動機較弱，向上流的機會處於膠著狀態，「其實難以脫貧。」

教育對於Arnold來說，是所有孩子都可以平等地學習，可以發揮他們的所長、做到自己喜歡做的事、過一個豐盛的人生。教育需要想像，計劃中所有項目老師都沒有教育背景，沒有傳統師訓講求學習結果的思維模式，反而著重影響學生求學的心理狀態。

貼身教學 改善學習狀態

疫情初期，學校首當其衝關閉，教學平台從黑板移到平板電腦，教師與學生一「板」之隔的情況維持了近半年。視像學習頓成新趨勢，Arnold找來微軟公司負責教育外展部的同事，替一眾項目老師做培訓，研究如何在網上學習中運用影像媒體支持教學，保持教學質素。年輕、有心、進取是「良師香港」老師的優勝之處，他們在網上學習的安排及教學更獲得參與計劃的學校校長讚賞。

項目老師Maisie從心理學和政治及公共行政學系畢業，曾到自閉症協會教暑期班，「我很想知SEN（有特殊教育需要）及低收入家庭學生，在香港社會上正面對甚麼困難，爲何社會好像一直投放很多資源，但這群學生仍未能擁有更好的學習環境。」在計劃下，Maisie獲安排到一所小學擔任項目老師，任教中文科，對象是一班有特殊教育需要的小學四年級學生。「現在回想，停課一開始會措手不及，我很明白他們對著熒幕上課一定不能專心。同時還有很多其他憂慮，有很多學生家裡連Wi-Fi也沒有，我要準備平板電腦給他們，幫他們訂購Wi-Fi計劃。」處理好器材問題之後，Maisie第一步教學生「複製」與「貼上」，已花了半小時，「整段期間要非常耐心，我每天都會親自致電每位同學，教他們如何用Zoom（視訊會議軟件）、如何做功課。日子久了，他們開始習慣使用電子器材，願意觀看教育影片。」

網上教學對老師也是新挑戰，為了預備教學短片，老師們把簡報變成短片，加上配音，自行剪片，這些是很多老師之前都沒有接觸過的，變相要多花一倍時間預備課堂。為了讓學生更容易投入課堂，適應新的上課模式，Maisie調節了課堂進度。「以前每天至少有一至兩堂中文課，但是疫情期間，學校只開設一星期一堂中文課，視像課程主要讓學生問問題，所以要調節甚麼內容適合網上教學。有些內容適合面對面教，就會留待回校才教，例如網上學習工作紙設題多了選擇題，少了短答，避免要寫字的模式。由於學生操作電腦的能力比較弱，更要訂立清晰目標，以最簡單的方法讓他們吸收到最多、最準確的課堂知識。」

Maisie一般只會在課堂上播放一次教學影片，有一次竟然有一位向來缺乏學習動機的學生，主動問她拿取教學短片連結重溫，讓她非常感動。「那位同學在學校的外號是『逃學威龍』，疫情之前已經常常缺課，很多時候都要致電他家叫他起床。」學校停課轉至網上教學，Maisie更擔心如何處理他的學習問題。一開始，那位學生不會主動參加網上課堂，Maisie知道不能催逼他，於是嘗試噓寒問暖，了解他的家庭狀況，「有時候與他通電話、WhatsApp問他最近狀況。高峰期甚至每天都找機會與他透過Zoom聊天，每次大概半小時，慢慢勸喻他要上課，邀請他一起做功課，逐步引導他，希望可以一起去做好這件事。」Maisie深明陪伴的重要，即使兩人之間相隔了熒幕，仍願意花更多時間接近他、改變他，因爲她看見他的能力，「他只是比較懶惰。」在Maisie的積極邀請下，「逃學威龍」開始出現在課堂裡，「其實有些學生很需要關心，所以盡量主動陪伴他們，理解他們的狀況，有助於改善他們的學習狀態。」疫情影響下的線上教育，令老師多一份體諒，對學生多一份理解，對教育也多一份想像。

網上學習
教育不只一個模樣

另一位項目老師Tomy從科大商學院畢業，受中學的伯樂影響，希望透過成為項目老師打破基層學生對世界的框架。網上授課期間，Tomy也遇到不少困難。他一開始使用Google Classroom作為網上教學平台，持續了一個月後，開始訂立時間表做網上直播課堂，「有一部分學生完全沒有興趣上課，部分家長也抱持『停課等於停學』的心態。很多時候他們不會開鏡頭，有一次有學生不小心打開了，我才看到原來他和父親在農田裡耕種。」

不過Tomy也發現透過網上學習，有些學生更加願意主動回答問題。有一位學生以往在面授的課堂上態度懶散，連在習作上寫名都要Tomy在旁督促，工作紙九成都是空白的。「原本以爲他一定不會上課。但奇怪的是，在線上學習的模式下，他竟然交齊所有功課。我十分驚訝，之後重返學校的時候與他聊天，才驚覺，原來他很抗拒執筆寫字，反而對電腦打字就沒有問題。」這次網上授課的經驗，讓Tomy開始思考，確實有部分學生較適合線上學習，每一個學生都有不同的需要，「我們可以借此反思，應如何讓學生以適合自己的方式學習，不要困在死板的框框裡。」疫情無意帶來教育新面貌，讓老師們看到學生更多的學習需要與習慣。

About Teach For Hong Kong

停課期間　栽種屬於心的樹林

除了學習模式的改變，基層學生留家抗疫期間同時面對很多問題。Maisie分享，「他們很少外出，因為根本買不到口罩。長期留在家悶得發慌，所以開Zoom與同學聊天是他們唯一的樂趣。家庭環境較好的學生在停課期間在家做飯、做麵包；但基層學生沒有資源，在家只有百無聊賴。」因此「良師香港」決定善用那段時間，與金融服務公司合作，為中三至中五學生提供線上生涯規劃工作坊，希望在社會短暫的停頓中，透過生涯規劃，在學生的心裡埋下種子，讓他們看見生活的可能——這可能是停擺的社會最需要的動力。

另外，Maisie也觀察到，學生留在家中容易因為缺乏私人空間與家人產生磨擦，導致情緒低落。學習心態的學生精神健康狀況是一眾老師最爲關注的部分，因此Arnold決心做多步，與其他機構及社會企業合作，籌辦了一個名爲「刻心林」的網上平台，在疫情留家期間為學生舉辦線上工作坊，分享有關升學、課外興趣的資訊。除此之外，平台更開設Telegram頻道，進行配對心理輔導，為學生提供一個單對單可傾訴的樹洞，讓他們打開內心，面對自己，從中治療長期留家缺乏社交帶來的隱形創傷，一「板」之隔的距離其實可以拉近。

至五月校園重開，Maisie與Tomy的班上各有學生因疫情關係滯留家鄉未能回港。Maisie一直提醒自己留意外國疫情報導，始終各地疫情狀況不同，要理解學生正經歷的狀況，才能加多分體諒，希望待學生回來的時候，幫他們調節情緒，「加上學校現在實行社交距離措施，同學回到學校要繼續戴口罩，隔位坐，小息也要保持一定距離才能聊天，需要一些時間讓他們適應新模式，調節好心理之後才去追趕學業進度。」Maisie認爲學校的存在很重要，「我希望對學生來說，學校是一個可以依靠的地方。」用教育改變生命，用生命改變教育，當學校不再只是學習場所，而是可供心靈安放的地方，老師成為了帶領變革的人。

隔離的日子裡
建立獨有的聯繫感

「良師香港」每年都會聘請新的項目老師，但今年的招聘工作特別困難，學校的職業攤位取消，所有面試改成線上面談，有部分面試者身在外地，回不了香港。同時，面對全球經濟衰退，組織亦要面對尋找贊助商的困難，原本籌辦了慈善午宴也無奈取消。即使如此，身為組織領袖的Arnold卻堅持不會解僱員工，「我會給予員工信心，讓他們知道自己的工作有保障，不想影響大家的工作心情。所以我會坦白說出組織正面對的困難，然後一起去解決。現階段已經打算削減部分支出，如果今年未能成功籌錢，組織也能夠暫時營運下去。」

所有突發事情迎面而至，「良師香港」很早已經實行在家工作模式，早於政府宣布前，已把所有工作轉為網上處理。Arnold分享，「始終團隊比較年輕，習慣以科技做事。我相信團隊工作一定要有聚腳點，但並不一定需要辦公室，重點在於如何凝聚大家，在情感上、行動上建立緊密的小社群。所以疫情有一樣好，就是迫大家去思考，如何改善目前習慣已久的生活模式。其實工作可以不用那麼死板，可能在家中床上工作更能刺激靈感。」

10 / 第十章

時代考生要面對疫症，自然迷惘；但是請謹記你並不孤單，還有數萬名考生與你一同經歷這個時代——而最重要是，我們這班社工會一直支持你們。

—

社工　黃楚穎

時代考生背後
社工伴你左右

黃楚穎
香港青年協會學校社會工作組
駐校社工

黃詠恩
二零二零年中學文憑試(DSE)考生／
甜品店學徒

任職社工八年，任駐校社工約三年，以陪伴青年成長為己任。在二零一九年「中電新世代．新動力獎勵計劃」邂逅學生詠恩後，持續跟進她的個案。二零二零年新冠肺炎疫情爆發後，堅守社工專業，勇於克服疫情帶來的限制、改變輔導模式，為應屆DSE考生提供線上支援，甚至新開設Instagram(@hkfyg_ssw)，為考生們打氣，期望消除疫症為考生帶來的不安感，與青年同行。

「如果沒有這場疫症，我只會視DSE為一個過客；但因為疫症，它帶給我的痛苦著實難以形容。」身為二零二零年應屆DSE考生之一的詠恩如此說。「時代考生」，是今年DSE考生的別稱。他們彷彿是被選中的一群，注定擁有與過往考生截然不同的經歷。當決定未來的關鍵考試，撞上疫情肆虐之時，他們必須面對突如其來的考期推延、未知會否復考的不安、應考時受感染的恐懼、甚至是歷史科有必答題被取消的無奈……身為時代考生的詠恩，沒有雙親的支援，一人住在家舍，年紀輕輕卻需獨自面對這場「戰疫」。

猶幸在絕處伸出了一雙手——那是社工黃楚穎（Mimi）。她們因一個獎勵計劃而相識，自此Mimi就成為了詠恩其中一道支柱，伴她走過這艱難的疫症風暴。輔導背後，不只是社工的責任、對詠恩的關心，更有著她以過來人身分對公開試的領悟。疫情無疑是個難熬的逆境，但當真的被命運選中了，還是必須硬著頭皮應戰。除了要試著堅強起來，更重要的是，知道自己並非一人面對。

一雙手／只要握成拳頭／能捱下去

Mimi仍對兩人初次邂逅的情境記憶猶新。當時詠恩將過往的家庭經歷，父母離異、被繼母責打、於內地被剝奪上學機會、隻身回港後超齡重回校園等事情娓娓道來……她的淡然，令Mimi的眼眶不自覺濕潤起來：「那時很心痛，為何這個少女要經歷這些事呢？但同時，在她身上看到一種不知從何而來的成熟。竟然能如此正面，這個年紀小小的女孩子，究竟經歷了多少？」她記得在聽完詠恩的傾訴後，送了她一張貼紙，上面是一句歌詞：「一雙手／只要握成拳頭／能捱下去」既是對這少女的堅韌表達欣賞之情，亦希望鼓勵她繼續堅持，同時為兩人日後緊密的羈絆埋下伏線。那時她還沒有想到，在一年後那個一試定生死的春夏，自己會成為詠恩疫情下的同行者。

其實即使疫情未發生，單是想到DSE即將來臨，已令詠恩提心吊膽。中六上學期頻密的補課、社會氣氛的繃緊、人們對考生的期望，詠恩整年被失眠所困擾，深夜裡在家舍床上輾轉反側，無奈只能張眼直到天亮。即使能夠進睡，卻都是惡夢連連。在那個只要想到DSE就會手心出汗的日子，Mimi漸漸接近詠恩，希望透過間中約她吃午飯、閒話家常，能稍稍紓緩這女孩獨自背負的壓力。然而疫情的爆發，卻把詠恩推向更孤單的境況。無法再相見，身為社工的Mimi絞盡腦汁，希望能在這非常時期、用非常方法，突破空間的限制，成為她的同行者。

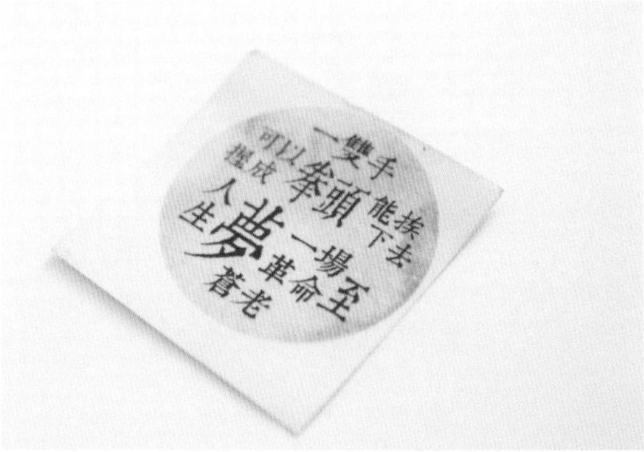

IG上的求救訊號

疫情時期最流行的一個名詞：「社交距離」，著實令不少社工頭痛。過去的日子，Mimi總習慣面對面與同學互動、輔導，但自學校停課及政府鼓勵人們減少外出，無法再與詠恩見面，她要繼續了解詠恩的狀態，就必須改變昔日做法。事實上，詠恩的確正處於一個需要被關心的階段。疫情令她失去了應試前可以與朋友互相打氣、好好告別的「last day」（最後上課日），亦令她失去了能預演DSE的模擬考試。更糟糕的，是在中文科開考前一星期，考評局公布DSE筆試延期一個月的噩耗。

「我自己本來不算好學。心態上只想盡快完成DSE，不想再拖了。」開考延期，對詠恩來說是一拳重擊，「這消息確令我心情低落。疫情如此，延期後真的會再開考嗎？心裡開始多了很多不確定。」若疫情持續、考試取消，所花的心機不都付諸流水嗎？兩份說話卷都取消了，筆試取消也不意外吧；通識科變成了開考第一科，完全打亂了溫習的計劃……延期帶來太多的變數與不安，令詠恩的身心停止運作了整整數天。那數天，她想睡就睡、想玩就玩，沒有跟從時間表溫習，從原本甚繃緊的精神反彈，極端處是一種自我放棄的心態。但兩極背後，其實是面對未知數的不知所措——幸而在老師循循善誘下，詠恩逐漸重拾溫習步調，但心裡的不安依舊存在。

「搏盡無悔」——在某個被不安籠罩的晚上，詠恩在Instagram（IG）上載了這只有短短四個字的限時動態。就在此時，正在不斷「碌IG」的Mimi就意識到，詠恩在發出求救訊號了。

學術台

隔空仍能傳暖意

「單是這四個字，其實就知道她心情非常緊張了。」心思細膩的Mimi了解詠恩，了解她是個事事正面的女子，所以不會輕易展現自己的脆弱或負面情緒。但「搏盡無悔」若是詠恩對自我的勉勵，其實就暗示著她心裡希望得到更多的支持。故立即傳訊息關心她：「你還好嗎？」看似一句無心的關心，其實是非常時期的輔導策略。「平日如能見面，可以立刻找到對方，但現在他們的作息時間和上學時很不同。」Mimi雖在疫情期間在家工作，但實情工作時數比以往長。因為她要與同學的作息時間同步，才能時刻洞悉到他們的動態與心情，繼而給予相應的支援。故當考生們總是在夜深才吐露心事，Mimi也會在旁聆聽至夜幕垂落時。

而對詠恩來說，這個總是時刻留意自己、會突然跳出來關心她的Mimi，的確成為了獨特的存在：「有一種窩心的感覺吧，感覺有個人和你同行似的。」她一直是個內斂的人，不會輕易向別人傾訴，怕身邊的人為她擔心。但在Mimi面前，她能夠暢所欲言——沉重至學業壓力，輕閒至甜品糕點，都能無所不談。「面對學校裡的社工，我會覺得像陌生人。家舍裡的社工像家人，但是始終有些心底話不會傾訴。但Mimi，就像一個同行的朋友吧。」這種同行的感覺，為她帶來了力量。她知道在這危難時期，仍然有人關心自己。

THRASHER
MAGAZINE

同行就是最大意義

與青少年同行，確是Mimi的原意。因為在少女時代的她，曾經多麼希望在危難關頭，有人在自己身旁。那是十三年前的春天。面對公開試，Mimi從沒想過會失手。她背負著家人的期望、社會的寄望，一心只想獲得入大學的入場券，不自覺背負了沉重的壓力。她記得溫書時會邊落淚、邊安慰自己：「人人都是這樣啊」，來麻醉自己的難受。

直到公開試放榜之日，收到成績表之際，Mimi立時怔住了，眼淚卻開始不斷往下掉——她知道新聞主播夢要破碎了。本來胸有成竹，卻沒想到有一科成績不如理想，令她與多所大學注定無緣。「那時我真的很崩潰——升不到大學，人生是否已完了？原來啊，我的世界只有讀書。」不上大學，還能去甚麼地方？在那時的Mimi心裡，彷彿只有上大學這個目標，高級文憑、副學士她一概不曉，只以為是失敗者的落腳地。這份狹隘的認知妨礙了她作選擇，令她日後的路走得曲折，同時亦重創了她的自信。「如果那時有人和我同行、協助我計劃升學出路，也許我會有多些資訊，選擇可能會不一樣。」

這年少時的經歷，成為了Mimi日後成為駐校社工的契機。「我真的很想可以和青年一同經歷成長。也想在升學階段，有人伴著同行。」當他們迷失、彷徨，Mimi想時刻在側，像朋友又像前輩般指點迷津，協助他們走上較順利、平坦的道路。經歷過公開考試和升學挫折，她認為紓緩考生壓力、肯定他們，比學業成績更重要。她想讓年輕人知道，世上存在各種出路，每人的才能都不一樣、都值得獲賞識：「當社會不斷否定他們，認為他們只是讀書的工具；我希望，他們不會單單因為在讀書上無法獲得成就感，就否定了自己。」這份想肯定青年的初衷，她堅持貫徹；特別是在這動盪、艱難的疫情時期，人人絕望、悲觀，Mimi更想引領他們在黑暗裡看見光。

黑暗裡要看見光

看見光，即看到希望；而希望在於在危難當前，懂得欣賞自己付出的努力，並明白不只你一個人面對；只要互相關心、互相支持，就能撐下去。今屆DSE考生確有很多的恐懼：筆試雖然順利舉行，但考生應考仍需跨過重大的心理關口：多人聚集在試場，會不會被感染呢？而歷史科必答題的爭議，都令考生極其不安，當中也包括了詠恩。「歷史科必答題被取消的事件，其實很影響我心情，我足足花了七天才能平復。」考生的角色在整個疫情間都很被動，在多種風波裡浮沉、被各種不確定性影響了未來發展，卻沒有左右大局的掌控權。既然如此，Mimi認為與其回望、把著眼點放在無力處，不如展望將來。

「加油！好快考完！盡力而為！」就在詠恩應考最後的經濟科前，收到了Mimi的訊息，禁不住心頭一暖——對。別回頭，繼續向前走吧，盡過力就好了。畢竟成績、結果都不是關鍵，重要的是拼盡無悔的自己，還有同行者的相伴。

同行就能無懼

DSE終於完結了，疫情亦漸見平復。雖然還未放榜，才剛告別「時代考生」的身分，詠恩卻已匆匆走進人生另一個階段：她成為了甜點店的學徒，向著成為甜點師的夢想踏出了第一步。她的目標是要製作出又美、又好吃的新派甜品，透過甜點帶給人幸福感，然後在這個城市裡覓得屬於自己的小地方、建築自己的家，讓身心都安定下來。這是個卑微的願望，但在香港卻是個不容易的目標——飲食業出名辛苦、工時長；香港樓價高企、租金甚貴……

困難重重，但是Mimi並不擔心。她相信詠恩，對經歷過今屆DSE的時代考生尤其有信心：連疫境中應考的難關都能跨過，必然會蛻變成更堅韌的人吧。成長了的詠恩，即使前路艱辛，都肯定會一步步逐漸接近目標，終能掌控自己的生活，成為自身生命的主人。就像Mimi給詠恩最初的寄語：一雙手握成拳頭，能捱下去；而尤其現在彼此的命運線交錯了，變成兩個人、兩雙手，相信日子能更容易撐過去。

這段日子並不易過，猶幸有你相伴。所以詠恩想跟Mimi說一句：「以後的日子，請繼續和我一起走下去。」未來日子雖是未知數，但只要有你同行，又有何懼？

非常疫情・非常關懷

因應新型冠狀病毒的影響及學校停課安排，香港青年協會自二零二零年二月中旬推出「非常疫情・非常關懷」，以三大主線：學習支援、社區支援及線上關懷，為全港青年、社會大眾及同工加油打氣，並提供多方面支援及服務。

學習支援

好義配・好義補

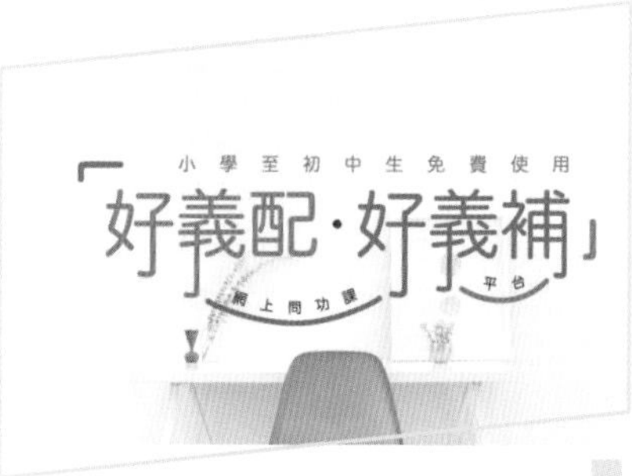

青協推出「好義配・好義補」免費網上問功課服務，獲超過一百七十名義務導師支持及輪流當值，供小學至初中生在網上查問各學科難題；組織主修語文或教育、於公開試取得佳績的大學生，為文憑試應屆考生義務提供網上模擬口試訓練及技巧指導。

DSE 27771112

青協「DSE 27771112」持續透過熱線及網上輔導服務，支援文憑試學生及家長面對壓力及情緒問題；並聯同香港大學教育學院，首次推出「專科專答」輔導平台，運用社交媒體Telegram，由四十多位準老師輪流即時解答文憑試考生的疑難，涵蓋中文、英文、數學、通識、物理、生物、化學、地理、經濟和會計及企業財務學科；而最新出版的「DSE應試攻略」亦已上載網站供閱覽。

M21網台

青協M21網台聯同知名KOL製作多個互動學習和休閒節目，包括「停學・不停學」，由特別嘉賓就學術、文化、藝術等話題，與青年進行討論；首個STEM直播頻道「STEM Friday」，學習創意科學知識；以及「BADtime Story」由名人講故事分享正向價值。

《停課了》繪本

青協青樂幼稚園／幼兒園（油麻地）製作《停課了》繪本，由家長導讀，向小朋友解答疫情種種困惑，給予正面資訊。

Learn to LEAD

青協領袖學院聯同其舊生和跨界別專業人士，推出「Learn to LEAD」，提供中學各科網上學習及激勵心靈的短片，藉此充實自己（learn），為服務社會作好準備（lead）。

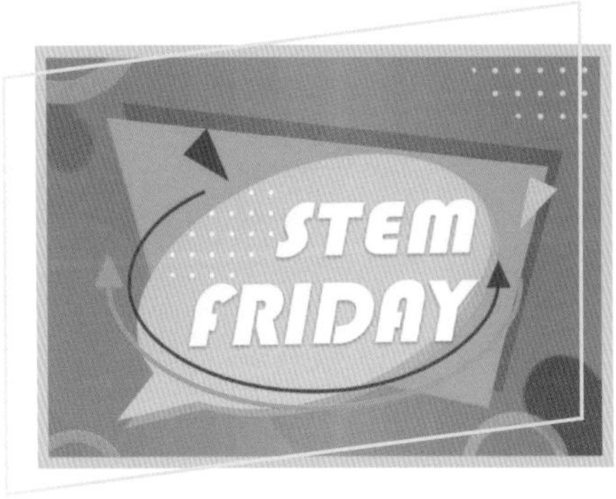

STEM on Live!網上教室

青協創意教育組則推出「STEM on Live!網上教室」，為小五至中二學生教授相關知識及示範動手活動，主題包括3D草圖設計和打印、密碼學、飛行理論及數字遊戲等。

網上支援

關心一線

青協全健思維中心提供關心一線27778899，以及uTouch網上情緒輔導，亦於網上設立「疫情關懷專區」，發布多篇與防疫健康相關的資訊，包括居家抗疫、情緒健康、媒體素養、飲食自強等系列。另設「電子解憂樹」讓青年分享個人感受，並由社工回覆。

家長全動網

青協「家長全動網」透過網上文章、講座及朋輩小組，支援家長因疫情而引發的壓力，例如：購買防疫物資、子女學習和照顧等問題，自二零二零年一月至今共接觸近三百名家長。

中心推出「家長Zoom一Zoom」，只要家長安坐家中，利用Zoom軟件，就可以與不同專家分享學習，齊齊增進親職知識，學習涵蓋不同的課題。

社區支援

在家學習網寬支援計劃

青協及香港小童群益會獲香港賽馬會慈善信託基金慷慨捐助，以及得到中國移動、CSL、SmarTone和3香港電訊供應商的支持，協力推出「在家學習網寬支援計劃」，為十萬名本地中小學生（尤其是居住於劏房、舊樓及偏遠地區而未能得到高速上網服務的學生）提供四個月的免費流動數據頻寬，並為最多一千間本地中小學提供最多四個月的「Zoom型學堂」的帳戶服務，避免他們因無法負擔而被迫停止網上學習。

香港學校口罩支援計劃

「香港學校口罩支援計劃」為全港學校提供有時限的一站式口罩網購服務，讓學校以低於廠方市場售價訂購具品質保證的口罩，從而迅速支援學生及教職員復課後在校內安全學習和工作的防疫需要。

本計劃限量提供低於平均市場售價及具品質保證的口罩外，亦為學校提供特別的口罩訂購優惠，讓學校直接向口罩供應商訂購更多口罩，以支援學校復課後的校內防疫需要。

在家學習平板電腦支援計劃

青協獲香港賽馬會慈善信託基金慷慨捐助，推出「在家學習平板電腦支援計劃」，為欠缺電子裝置而未能於停課期間線上學習的清貧學生，提供免費平板電腦、高速流動數據及網上學習指導支援。

鄰舍第一

青協「鄰舍第一」社區計劃，是由青年帶動的社區關懷行動。抗疫期間，獲多間工商機構的支持和捐助，由十八區青年義工舉行「鄰舍有愛」多項活動，至今已陸續派發近三十萬個口罩、近三萬支酒精搓手液及漂白水等，為近四萬位有需要人士解決燃眉之急。青年更持續致電二萬六千萬戶基層家庭，了解他們日常所需並送上關懷。

「鄰舍有愛」亦舉行「Busking 唱不停」，由本港青年Buskers在社交媒體直播演出，為社區發揮音樂能量。

《青年 空間》雜誌

青協專業叢書統籌組一直致力推動青年閱讀文化，疫情下透過中文雙月刊《青年 空間》雜誌，推出貼近青年需要的主題，走訪不同社區故事，包括以「『字』癒」為主題，鼓勵青年在「疫」境中，以文字治癒心靈；以「探索屬於自己的課室」為主題，鼓勵學生透過持續的網上自學，裝備自己，發展各項興趣及未來技能。

網上直播音樂會

龍傳基金舉行「龍情顯母愛」網上直播音樂會，滙集多位本地歌手及運動員，以歌曲頌親恩。歌手盧冠廷、鄭欣宜、「Busking王」羅凱鈴Judas、體操運動員黃曉盈、空手道運動員李嘉維落力演出，並分享與媽媽相處的點滴，同時亦為對抗疫情的全球華人打氣。

青協解憂號

青協全健思維中心推出情緒動車「青協解憂號」，於二零二零年二至四月期間走訪各區，出動超過六十次，派發「防疫解憂包」。

我為你煮個餸

「我為你煮個餸」挑戰——透過社交媒體展現青協同事、舊生、會員之間的關懷，互動次數達八萬三千次。

香港青年協會 hkfyg.org.hk / m21.hk

香港青年協會（簡稱青協）於一九六零年成立，是香港最具規模的青年服務機構。隨著社會瞬息萬變，青年所面對的機遇和挑戰時有不同，而青協一直不離不棄，關愛青年並陪伴他們一同成長。本著以青年為本的精神，我們透過專業服務和多元化活動，培育年青一代發揮潛能，為社會貢獻所長。至今每年使用我們服務的人次達六百萬。在社會各界支持下，我們全港設有八十多個服務單位，全面支援青年人的需要，並提供學習、交流和發揮創意的平台。此外，青協登記會員人數已逾四十五萬；而為推動青年發揮互助精神、實踐公民責任的青年義工網絡，亦有逾二十三萬登記義工。在「青協·有您需要」的信念下，我們致力拓展十二項核心服務，全面回應青年的需要，並為他們提供適切服務，包括：青年空間、M21媒體服務、就業支援、邊青服務、輔導服務、家長服務、領袖培訓、義工服務、教育服務、創意交流、文康體藝及研究出版。

e·Giving

Giving.hkfyg.org.hk

青協網上捐款平台

香港青年協會　專業叢書統籌組

香港青年協會專業叢書統籌組多年來透過總結前線青年工作經驗，並與各青年工作者，包括社工、教育工作者、家長等合作，積極出版各系列之專業叢書，包括青少年輔導系列、青年就業系列、青年創業系列、親職教育系列、教育服務系列、領袖訓練系列、創意教育系列、青年研究系列、青年勵志系列、義工服務系列及國情教育系列等，分享及交流青年工作的專業發展及青少年的最新狀況。

為進一步鼓勵青年閱讀及創作文化，本會建立「好好閱讀」平台，並推出青年讀物系列及「青年作家大招募計劃」，為青年帶來更多選擇以及出版平台。

除此之外，本會出版中文雙月刊《青年 空間》及英文季刊《Youth Hong Kong》，於各大專院校及中學免費派發，以聯繫青年，並推動閱讀文化。

網站
cps.hkfyg.org.hk
Facebook
hohoreading
網上書店
books.hkfyg.org.hk

出版
香港青年協會

訂購及查詢
香港北角百福道21號
香港青年協會大廈21樓
專業叢書統籌組

電話
(852) 3755 7108

傳真
(852) 3755 7155

電郵
cps@hkfyg.org.hk

網頁
hkfyg.org.hk

網上書店
books.hkfyg.org.hk

M21網台
M21.hk

版次
二零二零年七月初版

國際書號
978-988-79951-8-0

定價
港幣160元

顧問
何永昌

督印
魏美梅

編輯委員會
鍾偉廉、周若琦、林茵茵、李心怡

鳴謝
蔣珮琼、張睿泰、文劝忠與團隊、李錦、麥倩熒、黃芍誼、葉韻琪、陳幗妍、陳鳳儀、李振豪、李揚立之、Jeffrey Andrews、陳君洋與團隊、黃楚穎、黃詠恩

執行編輯
林茵茵、李心怡

實習編輯
林煒恩、潘可欣、雷銘慧

撰文
陳冬凌、潘德恩、周涴楠、林穎茵

攝影
林霖、Harry Long

設計及排版
Macy

製作及承印
一代設計及印刷有限公司

Care Beyond Professionalism -
Stories under COVID-19

Publisher
The Hong Kong Federation of Youth Groups
21/F, The Hong Kong Federation of Youth Groups Building, 21 Pak Fuk Road, North Point, Hong Kong

Printer
Apex Design and Printing Co Ltd

Price
HK$160

ISBN
978-988-79951-8-0

謹以此書向「疫」境中，堅守崗位、
無私奉獻的每一位香港人，致以崇高敬意。

關關難過，這一關我們仍能一起跨過。

非常

關懷